AF139987

Herstellung und Verlag:
BoD - Books on Demand, Nordrstedt
ISBN 978-3-7392-0526-7

MIX
Papier aus verantwortungsvollen Quellen
Paper from responsible sources
FSC
www.fsc.org
FSC® C105338

Inhaltsverzeichnis

Vorwort 1

Dan Richter

Liebe Leserin!

Mit diesem Heft verabschiedet sich die Chaussee der Enthusiasten von dir. Haben unsere Texte dein Hirn auf molekularer Ebene verändert? Wenn ja, dann hoffentlich zum Guten. Dieses Heft soll dir eine kleine Erinnerung an uns sein. Trag es stets in deiner Jackentasche, dann atmen wir mit dir.

Vorwort 2

Jochen Schmidt

Als wir im Herbst 1999 die Chaussee der Enthusiasten gründeten und uns vornahmen, ab jetzt 16 Jahre lang jeden Donnerstag mit jeweils zwei neuen Texten aufzutreten, hatten wir durchaus Zweifel, ob das zu schaffen sein würde, denn die wenigsten von uns hatten damals 1760 Texte auf Lager, wir mußten sie in den ganzen Jahren praktisch parallel zu unseren sonstigen Verpflichtungen schreiben. Wenn man sich die 880 Shows noch einmal auf Kassette anhört, stellt man fest, daß man dafür 73 Tage braucht, und daß die Zeit trotzdem wie im Flug vergeht. Was ist Zeit? Man weiß es irgendwie, aber wenn man es erklären soll, fehlen einem die Worte. Und im Grunde gilt das ja für alles.

Bommelmütze

Jochen Schmidt

Es gibt unsympathische Kleidungsstücke, wie den Trenchcoat, den vor allem Spitzel tragen, um sich zu tarnen, ein ledernes Waffen-Holster, eher etwas für Angeber, und natürlich die spitze schwarze Kappe aus dem Henkerbedarf. Springer-Stiefel sind unsympathisch, aber auch Lederhosen, außer wenn sie von Bayern getragen werden, die zweimal jährlich höchstpersönlich mit einer Sense das Gras auf einer nur zu Fuß zu erreichenden Alm mähen. Mir sind Pascha-Hosen bei Frauen unsympathisch, vor allem in Kombination mit Stiefeletten, meistens getragen von mittelalten Frauen, die nicht mehr in ihre Jeans passen, sich aber zu emanzipiert für Röcke fühlen. Bei Männern kann man davon ausgehen, daß Träger von DJ-Ötzi-Wollkappen inwendig so hohl sind, wie ein ausgenagtes Frühstücksei. Manchem ist vielleicht auch unsympathisch, was *ich* anziehe, obwohl es bei meiner Kleidung überhaupt keine Erklärung dafür gibt, warum ich sie trage, sie lag eben morgens im entscheidenden Moment oben auf dem Haufen. Einigkeit dürfte aber darüber herrschen, was das *sympathischste* Kleidungsstück ist, nämlich die Bommelmütze. Und das liegt nicht unwesentlich an der Bommel. Mörder tragen keine Bommelmützen, auch Diktatoren würden nie

Bommelmützen tragen, sie würden zu starke Selbstzweifel bekommen. Soldaten mit Bommelmützen? Undenkbar! Gut, die französische Marine hatte früher Bommeln, aber Matrosen sind ja keine richtig bösen Soldaten, das sind eher naturverbundene Weltenbummler, die für alle Eventualitäten mit Waffen ausgerüstet sind. Und in der Britischen Armee hatten schottische Einheiten Bommeln, sicher um sich von den unsympathischen Engländern abzugrenzen und zu signalisieren,

Er sah meine Bommel. Fünf Sekunden später war der Friedensvertrag unterschrieben. Eine Woche später heirateten wir.

daß sie lieber gar nicht in den Krieg ziehen würden. Die Bommel war so ein Augenzwinkern, mit dem sie den Feind dazu einladen wollten, das Gemetzel doch lieber sein zu lassen. Selbst Bommel, der Wüstenfuchs, gilt ja vielen heute noch als nicht ganz so schlimmer Wehrmachtsoffizier. Die Bommel ist ein friedliches Accessoire, das längst den Friedensnobelpreis verdient hätte, weil es so lieb ist. Beim liebsten und friedlichsten Tier der Welt, dem Kaninchen, ist sie sogar am Po festgewachsen. Die Bommel, oder der Bommel, wie meine Freundin sagt, die mir gerne wider-

spricht, und wenn es nur in der Frage des Geschlechts ist. Dabei heißt es doch auch „die Zwiebel" und „die Immatrikulationsbescheinigung". Umso rätselhafter ist daß niemand weiß, wozu die Bommel eigentlich dient? Damit man in niedrigen Räumen nicht an die Decke stößt? Damit man seine Mütze nicht verbommelt? Damit Omas was zu tun haben? Ich frage mich, wann Frauen in ihrem Leben eigentlich die Kunst des Bommel-Strickens lernen. Ich habe davon bei den Frauen, die mir zeitweise zugeteilt waren, noch nie etwas mitbekommen. Irgendwann *müssen* sie es aber lernen, denn irgendwann sind sie Omas und können es. Gab es zuerst die Bommel, oder die Mütze? Wer ist auf die geniale Idee gekommen, beide zu kombinieren? Eine ähnlich geniale Idee wie Erdbeerkuchen mit Schlagsahne. War es der französische Adlige Robert-Hugue-Baptiste Bom*mel?* Jedenfalls kann man sich die Bommel ohne die Mütze heute kaum noch vorstellen. In einem bestimmten Alter, nämlich genau, wenn wir von unschuldigen Engeln zu hinterhältigen Teenagern wer-

4

den, schneidet sich jeder seine Bommel von der Mütze. Man würde sich im Winter lieber eine Badekappe aufsetzen, als mit Bommelmütze gesehen zu werden. Guckt mal, bei dem bammelt 'ne Bommel! Der letzte, der noch eine Bommel trägt, ist der Bommelletzte und wird eingeseift. Als Kleidungsstück hat die Bommel ausgedient, wie Sandalen und Kniestrümpfe. Sollten unsere Omas mit ihren Bommeln doch ihren Sarg ausstopfen.

Man konnte die Mütze auch umkrempeln, und die Bommel so heimlich weitertragen.

Man konnte seine Bommel tarnen, indem man noch mehr Bommeln annähte.

Man konnte behaupten, daß Bommeln im Westen total modern waren.

Nein, die Bommel mußte ab. Helden trugen keine Bommeln.

Dabei war jede Bommel die Träne einer Großmutter. Früher konnten Frauen ihre Gefühle ja nur strickend zeigen.

Manchmal, wenn ich zuhause sitze und in meine alte Bommel weine, in die unendlich viele Tränen passen, dann vermisse ich diese seltsamen Frauen, die angeblich die Mütter meiner Eltern waren.

Dein Leben ohne mich
Stephan Serin

„Stephan! Angenommen, du würdest sterben. Würdest du dann wollen, dass ich noch mal mit einem anderen Mann glücklich werde oder nicht?"

Maries Frage traf mich völlig unvorbereitet. Wieso wollte sie das wissen? War ich etwa todkrank? Wie viele Monate blieben mir denn noch? Und weshalb wusste Marie,

Stephans Freundin war klug genug, ihn frühzeitig mit ihrer Nachfolgerin vertraut zu machen.

dass ich nicht mehr lange zu leben hatte, bevor ich davon erfahren hatte? Steckte sie mit unserem Hausarzt unter einer Decke? Hatten sie beschlossen, dass Unausweichliche so lange wie möglich vor mir geheim zu halten? Die Welt war so ungerecht. Ich war doch noch gar nicht so alt. In meinem Kopf ging ich sofort die möglichen Ursachen für mein frühes Ende durch. Tschernobyl, als ich noch nicht mal acht war, der Zug an der Zigarette meines Großvaters mit zehn und letztes Jahr das Sandwich, bei dem ich erst, nachdem ich schon die Hälfte verspeist hatte, bemerkte, dass es innen bereits schimmelte. War da noch was?

„Stephan, du weinst ja?", unterbrach Marie meine Reflexionen.

„Ich möchte noch nicht sterben."

„Wer sagt denn das?"

„Na, du hast mich doch gerade gefragt, ob ich möchte, dass du noch mal mit einem anderen Mann glücklich wirst."

„Das habe ich doch nur gefragt wegen des Films gestern."

Wir hatten *Mein Leben ohne mich* von Isabel Coixet gesehen, indem die 23-jährige Ann erfährt, dass sie an Eierstockkrebs erkrankt ist und nur noch 2-3 Monate zu leben hat. Sie erzählt niemandem davon, nicht einmal ihrer Familie. Sie setzt sich in ein Café und schreibt eine Liste von Dingen, die sie gern tun möchte, bevor sie stirbt. Neben scheinbar banalen Alltäglichkeiten wie der Veränderung ihrer Frisur möchte sie unter anderem zum ersten Mal Sex mit einem anderen Mann haben, da ihr Ehemann ihr erster und einziger Mann ist. Und sie wünscht sich, dass sie sich in jemanden verliebt. Gleichermaßen regelt sie die Zeit nach ihrem Tod. Unter andrem sucht sie eine neue Frau für ihren Partner.

Ich wischte meine Tränen weg und atmete tief durch.

„Puh! Ich hab echt gedacht, mein letztes Stündlein hat schon geschlagen."

„Also, was nun? Würdest du wollen, dass ich noch mal mit einem anderen Mann glücklich werde oder nicht?"

In meiner momentanen Euphorie drängte es mich zu antworten: „Natürlich möchte ich, dass du nochmal mit einem anderen Mann glücklich wirst." Zum Glück fing ich mich aber wieder. Wollte ich das überhaupt? Im Film hatte sich Ann, ohne lange zu überlegen, dafür entschieden, eine Nachfolgerin für ihren Partner zu suchen. Ich fand das ein bisschen unglaubwürdig. Ich hätte ewig mit mir ringen müssen. Wahrscheinlich hätten mir die verbleibenden 2-3 Monate gar nicht gereicht.

„Ich weiß nicht.", zuckte ich mit den Schultern. „Frag mich doch lieber, ob ich noch mal Lust hätte, mit einer anderen Frau Sex zu haben. Das kann ich dir schnell beantworten."

„Stephan, die Antwort kenne ich." Das mochte sein. Aber das war natürlich noch nicht alles. Sex mit mehreren anderen Frauen, inklusive eines Dreiers, mehrmals, sollte es schon sein, wenn ich früher als geplant abdankte. Um nicht als vermessen und gierig zu gelten, würde ich zum Ausgleich darauf verzichten, mir eine andere Frisur schneiden zu lassen. Und mir wäre es nicht so wichtig, mich noch mal in jemanden zu verlieben. Ich verliebte mich sowieso ständig. Es würde mir mehr bedeuten, wenn sich endlich mal wieder eine Frau in mich verliebte. Ich konnte mich gar nicht mehr erinnern, wann das das letzte Mal geschehen war.

Die Vorstellung, dass Marie einen anderen Mann liebte, mit ihm glücklich war und ich in ihrem Leben keine Rolle mehr spielte, machte mich irgendwie ziemlich traurig, wo ich so darüber nachdachte. Am liebsten wäre es mir eigentlich, mein Tod würde eine Wunde reißen, die nie mehr verheilte. Sie würde depressiv dahinvegetieren und schließlich Selbstmord begehen. Das war natürlich sehr viel verlangt. Vermutlich würde sie nicht so weit gehen. Möglicherweise würde sie mich sogar dazu überreden können, ihr einen neuen Mann auszusuchen. Mir fiel es grundsätzlich schwer, ihr eine Bitte abzuschlagen. Und ich würde selbstverständlich keinen Kerl nehmen, der sie schlecht behandelte, der sie schlug, der Alkoholiker war und spielsüchtig. Aber ich würde sicherstellen, dass er unattraktiver war als ich, langweiliger, dümmer als sie und dass er keinen Humor besaß. Es würde ein Mann sein, der sie anödete und intellektuell unterforderte. Das konnte ich ihr allerdings so nicht unter die Nase reiben. Die Wahrheit ließe mich in schlechtem Licht dastehen. Ich gestand ihr schließlich auch

nicht, dass es mir lieber wäre, sie würde vor mir sterben als umgekehrt. Sie würde mir Egoismus vorhalten. Wahrscheinlich würden wir uns den ganzen Tag streiten. Und dann gäbe es für mindestens eine Woche keinen Körperkontakt. Da ich sie mittlerweile gut genug kannte, wusste ich, was sie hören wollte. Und so antwortete ich schließlich, nicht ehrlich, sondern weise:

„Für mich zählt nur eins, Marie. Dass du glücklich bist. Das gilt auch über meinen Tod hinaus. Denn ich liebe dich, wie ich noch nie zuvor eine Frau geliebt habe. Und wenn ich dereinst vom Himmel auf dich hinab sehe und dich glücklich in den Armen eines andere Mannes erblicke, dann finde ich meinen Seelenfrieden. Du bist noch attraktiv. Du sollst nicht darben. Warum sollst du dir die Freuden des Lebens versagen?"

„Stephan, du spinnst! Versuche mal, ernst zu sein. Ich möchte das wirklich wissen."

„OK. Das ist aber kein Quatsch. Ich gebe zu, das war sich jetzt ein bisschen pathetisch ausgedrückt. Aber ich möchte wirklich, dass du glücklich bist, auch nach mir. Und wenn du dafür einen anderen Mann benötigst, dann natürlich glücklich mit einem anderen Mann. Du sollst nicht dein Leben lang leiden, weil ich nicht mehr da bin."

„Meinst du das ernst?", schaute mich Marie verwundert an. Ich nickte.

„Echt? Das verstehe ich nicht. Dann kannst du mich nicht richtig lieben. Wenn du mich richtig lieben würdest, dann könntest den Gedanken nie ertragen, dass ich nochmal mit jemandem glücklich bin. Ich würde wollen, dass du nie mehr glücklich bist nach meinem Tod, dass du dich umbringst. Warum geht dir das nicht so? Das finde ich so verletzend." Tief gekränkt verließ sie den Raum.

Altersmilde
Kirsten Fuchs

Jaja, hätte ich nicht machen sollen...

Ich weiß, ich weiß, ich weiß, aber weißen hilft nichts. Weißen macht nicht klug.

Es gibt nur ein paar Regeln.

Du sollst nicht stehlen.

Du sollst nicht töten.

Und du sollst keine Wattestäbchen benutzen. Die verstopfen nur den Gehörgang.

Immerhin habe ich nicht mit gestohlenen Wattestäbchen meine Ohren gereinigt. Oder die Ohren von jemand, den ich vorher getötet habe. So schlimm ist es also gar nicht.

Ich hatte nur die Absicht, meine Ohren zu reinigen.

Dazu muss ich sagen, dass ich sehr kleine Ohren habe. Sehr klein. Sie sind 4,5 cm. Sie sind so klein, dass sie den meisten Leuten gar nicht auffallen. Ein Paradox, ein Paradox.

Meine Ohren sind nicht nur von außen klein, von innen auch. Wenn ich als Kind beim Ohrenarzt war, haben die geflucht. Wörter, die man nicht sagen soll. Egal, hab ich ja nicht gehört. Dann haben sie die Kuckgeräte für Mäuse vom benachbarten Tierarzt ausgeliehen. Als ich ein Schulkind war, konnten die Kuckgeräte für Säuglinge benutzt werden, inzwischen gehen die für Schulkinder.

Wenn ich als Kind nicht gehört habe, wurde das immer auf die kleinen Ohren geschoben. Ein Traum für Eltern. Eine Ausrede haben für Verhalten des Kindes. Aufmerksamkeitsdings gabs damals noch nicht. Kleine Ohren haben sie also gesagt.

Leider konnte zu Schulzeiten nie der Beweis erbracht werden, dass mein Gehirn auch irgendwie besonders klein ist. Bei mir wurde damals gesagt, ich hätte zu viel Fantasie. Aus heutiger Sicht, bei dem Beruf den ich habe, weiß ich gar nicht was das sein soll: zu viel Fantasie.

Aus Sicht einer Mutter, die ich ja inzwischen bin, weiß ich allerdings doch was das sein soll: zu viel Fantasie.

Zu viel Fantasie ist, wenn man das Kind morgens als Kaninchen weckt, es als Hund anzieht, in der

Kita als Pferd abgibt, nachmittags als Löwe abholt und als Katze ins Bett bringt.

Zu viel Fantasie ist, dass das Kind die unsichtbaren Gänse im Bus anbindet und beim Aussteigen vergisst. Dann weint das Kind ganz bitterlich und ich muss ganz viel Überredungskunst aufbringen, damit unsichtbare Gänse sich bitte alleine losbinden können oder jemand anders im Bus sie losbinden kann, wobei das Kind laut heult: dass es doch unsichtbare Gänse sind. Alleine lassen können wir die Gänse auch nicht im Bus, denn es sind Babygänse, sie haben Angst und kennen sich auf dem Alexanderplatz nicht aus. Gottseidank können unsichtbare Gänse durch geschlossene Busfenster fliegen.

Zu viel Fantasie ist, dass man als Elternteil jedesmal fragen muss, ob man hier einfach langlaufen darf – denn vielleicht ist da ein Schloss, ein Zwerg, eine Mauer oder ein Fluss. Der Flur – eine gefährliche Gegend.

Kindern mit viel Fantasie kann man eigentlich nur mit noch mehr Fantasie begegnen.

Aber zurück zu meinen Ohren, diesen kleinen sympathischen Läppchen an meinem ebenfalls kleinen Kopf. Sie sind so eng, dass sie schnell verstopfen. Ich spüle dann. Normalerweise.

Diesmal habe ich sie gereinigt. Mit Wattestäbchen, die bei einem Freund im Badezimmer lagen. Ich kauf sowas nicht. Ich kauf das mit Absicht nicht, denn wenn ich es kaufe, stecke ich es mir auch ins Ohr. Ebenso mit Schokolade, nur mit dem Unterschied, dass ich die in den Mund stecke, anstatt ins Ohr. Kauf ich also gar nicht. Wenn ich aber irgendwo welche finde, esse ich sie schnell auf.

Das ist so gemein, dass man Wattestäbchen nicht benutzen soll, denn es ist so schön, ein Wattestäbchen zu benutzen. Es krabbelt schön, es ist so herrlich es im Ohr zu drehen. Da beginne ich zu schnurren. Ich könnte mich auf den Rücken werfen und die Zunge aus dem Mund hängen lassen. Ohren reinigen ist fast so schön wie kratzen. Manchmal kratze ich mich und denke dabei: wenn du ganz alt bist und dir nichts mehr bleibt, dann kannst du dich immer noch kratzen. Ach, wird das schön. Kratzen ist der Sex der Alten.

Also, liebe Kinder, was passiert, wenn man Wattestäbchen benutzt? Die Gehörgänge verstopfen. Schwuppdiwupp, war ich so gut wie taub. Schade, es war halb fünf und ich musste meine Tochter vom Kindergarten abholen. In der Wohnung des Freundes ging es noch. Er redete laut genug. Meistens nicht viel. Und immer dasselbe. Ich litt nicht unter dem Verlust meines Ohrlichtes.

Doch kaum war ich auf der Straße bemerkte ich, dass ich völlig orientierungslos war. Hupte es von vorn oder von hinten? Hupte es überhaupt oder war das eine Sirene? Bellte ein Hund oder rief jemand wütend meinen Namen?

Schon nach einigen Minuten, beschloss ich, dass das im Grunde genommen ja auch egal sei. Wenn irgendjemand wirklich was von mir wollte, könnte er mich ja berühren oder anschreien.

Im Kindergarten der Tochter war es an diesem Tag auch herrlich leise und entspannt. Üblicherweise gab es eine Art Lärmgegenwind, wenn man unten die Tür öffnete. Gegen den musste man richtig ankämpfen. An dem Tag allerdings ging ich wunderbar pfropfengedämpft durch die bunten Flure. Die Kinder rannten hin und her und hatten offene Münder. Die anderen Eltern sahen total fertig aus. Ich lächelte in mich hinein. Und in mir drin war es völlig ruhig. Gedämpft brüllte meine Tochter ihre Begehrlichkeiten. Es war ein leichtes geduldig den Kopf zu schütteln. Es war ein leichtes konsequent zu bleiben. Ich ließ mich nicht zu einem Ja umstimmen. Ihre Waffe war diese nervtötende kleine Stimme, mit der man so ausdauernd und hoch quengeln konnte. Mein Schutzschild war mein Pfropfen. Pfropfen sollten Erziehungszeitungen beigelegt

werden. Für die Bio-Vegetarier natürlich Naturpfropfen aus echten Ohrenschmalz. Von glücklichen Tieren.

Ich fuhr entspannt nach Hause. Hörte meiner Tochter so gut es

Ich hatte keine Ahnung, was diese Frau von mir wollte. Sie kommunizierte nur nickend mit mir.

ging zu. Ihre Themen waren Drachen, Prinzessinnen, Pferde, fliegende Pferde, Ritter und wer wen gehauen hatte. Ich nickte freundlich.

Jemand hatte die Welt runter gedreht.

Beim Einkaufen bewegte ich mich schön langsam. Das Kind hatte schon bemerkt, dass jegliches Schreien und Quengeln nichts half. Sie hatte einen von mir völlig unbemerkten filmreifen Wutanfall im Süßigkeitengang hingelegt. Ich war gechillt. Ich hörte ja nicht, dass man über mich redete, dass alte

Frauen sagten, das hätte es damals nicht gegeben, als Kinder noch fürs Zunge rausstrecken ordentlich verwamst wurden.

Meine Tochter versuchte, mich in die Beine zu beißen, um mich aus meinem friedlichen Trance zu holen. Nein, Nein, sagte ich liebevoll und ich ging weiter. Das Kind hatte sich an mir festgebissen und ich schleifte es nach Hause. Dort fiel es erschöpft ab und blieb friedlich im Flur liegen.

Auch mein Mann sagte, ich wäre eine wunderbare Zuhörerin. Ich unterbrach nicht. Ich widersprach nicht. Ich lächelte nett und nickte. Ich schaute ihn konzentriert an, denn inzwischen hatte ich mich aufs Lippenlesen verlegt. Ich war völlig zufrieden, dass ich überhaupt akustisch verstand, was er mir übermitteln wollte. Inhaltlich musste ich es dann gar nicht mehr verstehen. Das schuf einen tiefen Frieden zwischen uns, den ich in all den Jahren vorher nicht erreicht hatte. Logisch, ich hatte versucht ihn zu verstehen anstatt ihn einfach nur zu verstehen. Am nächsten Tag ging es mir sogar noch besser. Ich hatte wunderbar geschlafen. Vielleicht war die Tochter nachts wach gewesen, vielleicht nicht. Ich war jedenfalls nicht wach gewesen. Vielleicht hatte der Mann geschnarcht, vielleicht nicht. Ich hatte geschlafen. Morgens lag ich auf dem besseren Ohr. Na ja, oder eher das weniger schlechte. Das ganz schlechte war oben und ich hörte absolut nichts. Mein Mann sagte was, ich lächelte freundlich. Bestimmt war es was nettes gewesen. Er schaute verblüfft. Lächelte dann auch.

Es war verrückt. Und es spielte nie wieder eine Rolle, was ich da abgenickt hatte. Ich beschloss häufiger mal zu nicken. Einfach so.

Meine Diebstähle

Dan Richter

„Wer in den Honigtopf hineingreift, schleckt sich die Finger ab", heißt die bulgarische Version von „Gelegenheit macht Diebe". Ach, wie oft schon hatte ich die Gelegenheit, mich zu bereichern, und wie selten nur machte ich Gebrauch davon. Auch von geringwertigen Gütern, die der Eigentümer leicht verschmerzen konnte, ja, die er nicht einmal vermisst hätte, ließ ich meine langen, wie zum Diebstahl geschaffenen Finger. Ich könnte heute ein reicher Mann sein. Wie oft schon haben mich Nachbarn und Freunde gebeten, während ihres Urlaubs, die Blumen zu gießen. Wenn die Wohnung drei Wochen später leergeräumt gewesen wäre, da hätten sie mir erst mal etwas nachweisen müssen.

Aber mir geht es wie den Arabern, unter denen das Sprichwort kursiert:

„Wer ein Ei stiehlt, der stiehlt ein Kamel."

Als Hobbyzauberkünstler weiß ich, wie man Opfer ablenkt, ich weiß, wie man geschlossene Fenster von außen öffnet, und zwar lediglich mithilfe eines gewöhnlichen Steins. Ich kann Räuberleiter. Und um kompliziert zu fälschende Nummernschilder meines Fluchtfahrzeuges bräuchte ich mir bei meinem Fahrrad keine Sorgen zu machen.

Doch ich will nicht behaupten, unschuldig zu sein. Auch mein Herz und meine Hände sind befleckt vom Frevel der unerlaubten Aneignung fremden Besitzes. So lastet noch heute auf meiner Seele jene böse Tat, die ich einst mit Steffen Rößler in der Kaufhalle Süd beging. Ich will die Schuld nicht *völlig* auf ihn abwälzen, aber er war es, der meinte, es würde hier keinem auffallen. Eine Tafel Schokolade nach der anderen ließ er in seinen Beutel plumpsen, dazu Liebesperlen, Kekse, Waffeln und irritierenderweise auch einen Schwamm. Nicht, dass ich mir die Nougatstange für 1,44 Mark nicht hätte leisten können, aber mit der Schmach, feiger als Steffen Rößler zu sein, hätte ich nicht leben wollen.

„Zwiefach süß schmeckt die Kirsche, wenn sie gestohlen", heißt es in einem portugiesischen Sprichwort.

An der Kasse, wo wir für eine Alibi-Pfeffistange 10 Pfennig bezahlten, lief uns der Adrenalinspiegel fast über, und nun vernaschten wir den wohl verdienten Lohn.

Meine kriminelle Karriere machte eine Pause bis zum Soziologie-Grundstudium. Wochenlang aß ich abends nur Reis mit Ketchup, um mir den 63,- Mark teuren Wälzer „Wirtschaft und Gesellschaft" zu leisten. Und dann erfuhr ich, dass unter Studenten Kaufen nicht nur die dümmste, sondern auch am wenigsten verbreitete Art war, an Bücher zu gelangen. Im Seminar „Empirische Sozialforschung" verteilte der Professor Statistiken über das Buch-Klau-Verhalten von Studenten. Ich war erschüttert: Die langfingrigsten von allen waren angeblich die Theologen, wobei ich mich fragte, ob es sich nicht vielmehr so verhielt, dass die Theologen am ehesten ihre Beutezüge gegenüber den Sozialforschern beichteten.

Bücher stehlen! Wenn das alle tun würden! Die Verlage müssten das ja ausgleichen, und die Werke würden somit extrem teuer. Moment mal! Es taten ja alle. Sollte das der Grund für die erschütternd hohen Preise von Max Weber und Konsorten sein?

Ich wäre schön dumm, sagte ich mir, wenn ich, der ärmste aller Soziologiestudenten mich hier heraushalten würde. Ich hatte kein Geld für Bücher, da ich studierte und nicht arbeitete. Wie aber sollte ich ohne Bücher studieren? Unter den Pygmäen heißt es:

„Der Affe stiehlt, weil er nicht arbeitet."

Und so wurde die Buchhandlung in der Hans-Loch-Straße mein erstes Opfer. Wie passend! Sagte man doch in Israel:

„Das Loch lockt den Dieb herbei."

Die Situation war perfekt: Die Buchhandlung fast leer. Die einzige Angestellte, eine introvertierte junge Frau mit dicken Brillengläsern, war ins Sortieren von Karteikarten vertieft. Ich zog mit einer Handbewegung zwei Bücher gleichzeitig aus dem Regal. Eines stellte ich nach kurzem Durchblättern zu-

Erst zuhause stellte sich heraus, dass das geklaute Buch ein Ebook war.

rück, während ich Jürgen Habermas' „Die Neue Unübersichtlichkeit" in meinen Hosenbund quetschte. Bloß raus hier! „Auf Wiedersehen!"
Die Buchhändlerin blickte nicht einmal auf: „Tschüss!"
Fast schien sie mir *zu* unbeteiligt. Ich erwartete jeden Moment, dass sich die Pranke eines irgendwo versteckten Ladendetektivs auf meine Schulter legen würde: „Freund-chen, rück den Habermas raus!"
Betont langsam lief ich die Hans-Loch-Straße Richtung U-Bahnhof Tierpark. Das Buch rutschte mir in den Schritt.

„Der Dieb hat das Herz eines Hasen",

sagt man bekanntlich in Russland. Noch 200 Meter wagte ich es nicht, mich umzudrehen.
Ich hatte von der Klauerei schon jetzt die Nase voll. Das verschaffte einem ja mehr Stress als jede Seminararbeit. So dachte ich jedenfalls bis zur Statistikprüfung, für die uns der Professor ein bestimmtes Buch empfahl, das leicht verständlich, aber leider eben inzwischen vergriffen sei und auch in der sozialwissenschaftlichen Bibliothek nicht erhältlich, aber man könne es bei den Mathematikern mal versuchen. Ich schlich aus dem Hörsaal. Ich wusste, fünf Minuten nach Vorlesungsende hätte sich jemand das Buch ausgeliehen, und ich würde in die Röhre gucken und mein Grundstudium verpatzen.
Tatsächlich! Die Mathematiker hatten es. Aber nicht zum Ausleihen, nur zum Einsehen. Das konnte ich

nicht zulassen. Schwupp! hatte ich den für den Detektor gedachten Metallstreifen aus dem Buch gerupft und dieses in meinen Jägerrucksack versenkt. Die zu partiellem Autismus neigenden Mathematiker hatten diese Aktion nicht bemerkt. Zuhause lernte und lernte ich, bis ich in zwei Tagen der perfekte Statistiker war. Und nun? Waren die Bibliotheken nicht heilig? Im Wilden Westen durfte man alles stehlen, aber auf Pferdediebstahl stand der Tod. Waren nicht die Bücher die Mustangs der Uni-Bibliotheken? Ich bereute meine Tat. Und

„Wer bereut, ist fast unschuldig", heißt es in Frankreich. So cool wie ich beim Stehlen des Statistikbuchs gewesen war, so sehr schlackerten mir nun Knie und Nerven, als ich es zurückbrachte. Würden sie mich nicht wiedererkennen? „Ah, da ist er ja, der Soziologe, der sich hier herumtrieb, als unser Statistikbuch gestohlen ward", so glaubte ich, sie tuscheln zu hören.

„Angst erfasst des Diebs Gemüt, wenn er die Leute flüstern sieht."
Es dauerte eine Woche, bis ich mich von den Strapazen des Buchwiederzurückbringens erholte. Stehlen war mir zu aufreibend für meine Nerven und mein Gewissen geworden. Ich ließ ab vom bösen Tun. Und dann, nicht einmal ein Jahr nach der Statistik-Episode geriet ich auf einmal in der Rolle des Diebs wider Willen. Ausgiebig hatte ich den Plattenladen im Camden Market in London durchstöbert und einige prächtige Exemplare von John Lee Hooker, Howlin' Wolf und den Doors gefunden. So fasziniert war ich von diesen Funden und davon, wie preiswert sie doch hier zu haben waren, dass ich, im Kopf noch die Summe in Pfund addierend und in Mark umrechnend, mich auf der Straße spazierend wiederfand, die Platten leger unterm Arm. Im Camden Market verstand man keinen Spaß mit Dieben. Hier kam im Konfliktfall auch beim relaxtesten Hippie-Camden-Platten-Dealer der englische Hooligan zum Vorschein. Aber wenn ich jetzt kehrtmachte, würden sie es mir nicht *gerade* als Dreistigkeit anrechnen? Ich kam mir vor wie in einem Hitchcockfilm. Ich versuchte, in der Menschenmenge zu verschwinden. Es gelang. Aber ich gebe zu, ich hätte ja auch einen Tag später zum Bezahlen wieder hingehen können. Doch Nichtstun ist leichter als Tun. Ich schob es immer wieder auf. Denn wie Edward Young schon sagte:

„Der Aufschub ist der Dieb der Zeit."
Ich nahm die Platten mit nach Berlin und vorwurfsvoll schaut noch heute Jim Morrisson vom Cover.
Je eher man sich mit dem Bestohlenen identifizieren kann, um so schwerer ist es, zuzulangen. Wir entmenschlichen das Opfer, und

das Klauen fällt uns leicht. Das fiese Kapitalistenschwein, der Bulle, der Miethai. Und Institutionen haben sowieso kein Gesicht. Der Plattenladen vielleicht gerade noch so, aber nicht einmal gegenüber der Buchhändlerin hatte ich ein schlechtes Gewissen. Und bei Banken schon gar nicht.

„Was ist ein Bankraub gegen die Gründung einer Bank", fragte Brecht rhetorisch. „Sie sind Opfer eines Kreditkartenbetrugs geworden", sagte der Bankangestellte am Telefon. „Aber keine Sorge, Sie müssen nichts tun, Sie bekommen die 400 Euro zurück." Tatsächlich hatte ich eine Woche später 400 Euro mehr auf dem Konto, aber wo war der Betrug? Bei Monopoly hieß so etwas „Bankirrtum zu Ihrem Gunsten." (Gehen Sie nicht ins Gefängnis, ziehen Sie einfach die Moneten ein.) Aber ich? Wäre es nicht meine Pflicht anzurufen und die Angelegenheit zu klären. Ich wartete. Bei den Schweden heißt es ja:

„Frauen und Suppen soll man nicht warten lassen, sie werden sonst kalt."
Über Konto-Buchungen haben sie keine Sprichwörter. Aber unter den Dieben werde ich stets ein kleiner bleiben. Oder wie der Japaner sagt:

„Die Räuber von Geld werden hingerichtet. Die Räuber von Ländern zu Königen gemacht."

Die Ereignisse bis zur Boston Tea Party 1773 nach den Tagebuchaufzeichnungen des englischen Königs George III

Andreas Kampa

Heute bei einer Tasse Tee darüber nachgedacht, um wie viel besser doch heißes Wasser schmeckt, wenn man Tee hineinkippt. Und um wie viel besser doch der Tee schmeckt, wenn man ihn in heißem Wasser brüht. Bin darüber ins Philosophieren gekommen, wie wertvoll die Dinge sind, wenn sie zusammen kommen, und wie wertlos, wenn sie einzeln bleiben. Wollte die gewonnene Erkenntnis gleich meiner Frau mitteilen, doch als ich in ihr gelangweiltes Gesicht sah, fiel mir ein, dass es auch seine Vorzüge haben kann, wenn sich Gegensätzliches nicht auf ewig bindet.

Heute bei einer Tasse Tee mit dem Premierminister gesprochen, der mir mitteilte, dass wir, wenn wir nichts unternähmen, bald so hoch verschuldet seien wie in 250 Jahren Griechenland. Dass es so schlimm ist, hätte ich nicht gedacht. Ich fragte ihn entsetzt, wie es denn soweit habe kommen können, und er erklärte, dass es hauptsächlich an den letzten beiden Kriegen liege. Irritiert fragte ich nach, ob nicht der Sinn von Kriegen darin bestehe, dass man hinterher reicher sei als vorher. Der Premierminister pflichtete mir bei. Das hat mich noch mehr irritiert.

Heute bei einer Tasse Tee vom Kolonialminister erfahren, dass unsere Kolonien in Übersee mehr Kosten als Nutzen bringen. Ich fragte ihn verwundert, ob nicht der Sinn von Kolonien darin bestehe, dass es genau umgekehrt sei. Der Kolonialminister pflichtete mir bei. Das hat mich schon wieder irritiert.

Das ewige Beigepflichte meiner Minister ging mir wahnsinnig auf den Sack.

Heute bei einer Tasse Tee vom Finanzminister erfahren, dass die Kolonien unzufrieden mit der neuen Stempelsteuer seien. Ich fragte ihn daraufhin, ob es nicht normal sei, dass die Leute unzufrieden mit der Steuer seien. Der Finanzminister pflichtete mir bei. Langsam bin ich es leid, dass mir immer alle beipflichten. Ich bin zwar der König, aber ich würde schon ganz gerne verstehen, was in meinem Land eigentlich los ist.

Heute bei einer Tasse Tee dem Premierminister mein Leid geklagt, dass mir immer alle beipflichten würden. Ich käme mir nicht ernst genommen vor. Der Premierminister pflichtete mir bei. Das hat mich auf die Palme gebracht. Sein englischer Humor gehe mir ziemlich auf die Kronjuwelen, schrie ich an. Er konnte mich aber wieder beruhigen, indem er erzählte, dass mir keineswegs alle beipflichten würden. Die Kolonien würden meine Steuern ablehnen, mit der Begründung, dass sie, wenn sie zahlen sollen, auch mitbestimmen wollen. Das leuchtete mir ein.

Heute bei einer Tasse Tee in unserer Verfassung gelesen, dass die Kolonien sehr wohl mitbestimmen dürfen. Sie haben sogar das Wahlrecht, obwohl wir eine Monarchie sind. Ich verstehe das alles nicht. Ist das unsere Art von britischem Humor? Werde morgen mal mit dem Justizminister reden.

Heute bei einer Tasse Tee mit dem Justizminister eine interessante Unterredung gehabt. Er setzte mir auseinander, dass die Kolonien zwar das Wahlrecht hätten, aber wegen der langen Anreise nach England darauf verzichten würden. Überhaupt gestalte sich die Kommunikation zwischen den Kontinenten sehr schwierig, da es immer noch keine interkontinentale Telefonverbindung gebe, was vor allem damit zu tun habe, dass das Telefon erst in 100 Jahren erfunden werden würde. Vom Internet ganz zu schweigen! Wir seien nämlich – aus der Zukunft betrachtet – ziemlich rückständig. Das fand ich ausgesprochen geistreich.

Heute bei einer Tasse Tee den Finanzminister gebeten, den Kolonien die Steuern zu erlassen. Amerikaner seien offenbar allergisch gegen Steuern. Der Finanzminister war auch sofort einverstanden. Man könne ja, schlug er vor, stattdessen Zölle errichten. Ich fand das eine fabelhafte Idee.

Heute bei einer Tasse Tee den Innenminister gesprochen. Er berichtete mir von Unruhen in den Kolonien, die wegen der Einführung der Zölle ausgebrochen seien. Er habe die Lage zwar im Griff, wenn das aber so weitergehe, müsse sich irgendwann der Außenminister darum kümmern.

Heute bei einer Tasse Tee vom Wirtschaftsminister erfahren, dass die Kolonien britische Waren boykottieren würden, nur um keine Zölle zahlen zu müssen. Das sei doch völlig bekloppt, rief ich entsetzt, wovon wollen diese Menschen denn leben? Das wusste der Wirtschaftsminister zwar auch nicht, er könne sich aber vorstellen, mutmaßte er, dass die Amerikaner mittlerweile in der Lage seien, eigene Produkte herzustellen. Er handele sich zwar um einen sehr ungehobelten Menschenschlag, aber auch um einen sehr pfiffigen. Leider würde der Boykott der britischen Wirtschaft sehr schaden. Es sei daher das Beste, die Zölle wieder abzuschaffen. Das hielt ich auch für das Beste.

Heute bei einer Tasse Tee mit dem Prinzipienminister gesprochen. Er erhob energisch Einspruch dagegen, alle Zölle abzuschaffen. Wenigstens den Teezoll solle man beibehalten. Und zwar aus Prinzip. Sein Aufgabenbereich sei nicht sehr groß, und er habe sich bisher aus der Diskussion herausgehalten. Umso mehr müsse er jetzt darauf bestehen, dass sein Ministerium in dieser Frage nicht übergangen werde. Der Mann war kaum zu beruhigen. Ich forderte ihn auf, sich erst einmal hinzusetzen und eine Tasse Tee zu trinken. Das beruhige die Nerven und hätte dem britischen Empire noch nie geschadet. Ja, sagte ich nach einer Weile, Prinzipien sind wichtig und britischen Tee kann niemand boykottieren. Was sollen sie denn nachmittags um Fünf Uhr trinken? Ohne Tee sind die Amis doch völlig aufgeschmissen. Der Teezoll bleibt! So gingen wir auseinander.

Heute bei einer Tasse Tee vom Informationsminister erfahren, die Amis hätten 45 Tonnen Tee ins Wasser gekippt. Na bitte, rief ich freudig erregt, da gehört er doch auch hin. Sind sie also endlich zur Vernunft gekommen. Nun wächst zusammen, was zusammen gehört.

Sehend unter Brillenschlangen

Andreas Gläser

Seit zwei Tagen zwickte es in einem meiner Augenwinkel, da war nichts mit: Fliege auswischen und ab mit ihr, zu den anderen ins Fliegentuch. Augen zukneifen oder ausspülen half wenig. So ein Bartstoppel musste mir beim Rasieren reingeflogen sein, als ich mit dem Apparat von Süden nach Norden unterwegs war. Also kein Kleintier, das eines meiner Lichter mit einer Straßenbeleuchtung verwechselte. Eine Fliege hätte ich weg heulen können, die war mit meinem Wasser nicht gewaschen, aber das Barthaar, das so wirr aus mir heraus wuchs, war gegen meine Innereien immun. Der Augenwinkel war auch so rot, wie ich beim Blick in den Spiegel feststellte, denn ich kucke beim Zähneputzen immer in den Spiegel. Ein Augenarzt war gefragt, ich also hin. „Jutn Tach!", sagte ich zur Vorzimmerdame. „Guten Tag, 10 Euro. Tragen Sie schon eine Brille?"
Das musste sie alleine erkennen. „Na, die könnte ja kaputt sein, nich?"
„Stimmt."
Ich kannte mich nicht aus in der Brillenschlangen-Szene. „Kann ein bisschen dauern. Wir machen erst mal einen Test."
So sollte es sein, meinetwegen, aber der Test war mehr eine Rate-

sendung. „B - D - E? Weiß ick nich."
„Sie sind wirklich zum ersten Mal hier?"
„Ja. Mir muss so 'n Bartstoppel ins Auge jeflog'n sein."
„Ja, ja. Das können Sie der Ärztin erzählen."

Erst nachdem ich mir die passende Brille zugelegt hatte, konnte ich den Wellensittich, den mir meine Schwiegermutter damals zur Jugendweihe geschenkt hatte, so richtig „unter die Lupe nehmen".

Wenig später rief mich die gefragte Frau zu sich rein, sie sagte: „Guten Tag, Sie dürften ohne Brille nicht mehr Autofahren. Na, erst mal was rein träufeln. Wenn das nicht hilft, übermorgen wieder kommen, ansonsten nächste Woche, wegen einer Brille, da wird der Druck gemessen."

18

In der Woche darauf bin ich hin, ohne akute Probleme. Also ran an den Apparat, dem Wunderwerk der Optiker, er wurde mir an die Pupille gesurrt, ganz unangenehm. Ich bin bei so was zimperlich und zeige das auch. Haftschalen wären nichts für mich, das wusste ich schon 1993, als ich auf Malta am Strand einer Madame beim Suchen einer Linse geholfen und die sogar gefunden hatte. Damals. Aber nun war ich selber fällig. Linkes Auge, 1,5 Dioptrien, rechtes, 1,0. „Is das schlimm?", fragte ich. „Nein , ist mehr 'ne Kinderbrille?"
„Und wie viel zahlt die Kasse?"
„Nichts."
Tage später stand ich zum ersten Mal in so einem Fachgeschäft, alle Angestellten trugen eine Brille, das fiel mir als erstes auf. Ich kuckte eine halbe Stunde vor mich hin, setzte mir diese und jene Brille auf, mit möglichst wenig Borke oder Metall. Fette Ränder kamen mir vor wie Rundumaugenbrauen. Furchtbar. Geld durfte keine Rolle spielen, sonst würden alle weiteren Geschäfte hops gehen! Möglichst unscheinbar wollte ich bleiben. Sehend unter Brillenschlangen, gut aussehend unter Blindschleichen. Nach einem kurzweiligen Stündchen war ich raus aus dem Laden, nach einer Woche drinnen, zum Brille abholen. Ich sollte wieder durchsehen können, auch aus einiger Entfernung, aber mit dem Teil fühlte ich mich regelrecht ertappt

und beobachtet. Vor der Filiale nahm ich die Brille schnell ab und ging weiter, oben ohne. Rein in den Doppeldecker, Treppe hoch, halbwegs nach hinten gesetzt und Brille auf. Schüchtern gekuckt, ob die Flaneure auf den Bürgersteigen zu mir hoch sehen und auf mich zeigen würden. Nee, irgendwie wohl doch nicht. Als diese Jugendbande einstieg, nahm ich meine Brille ab, denn wenn ich schon nicht so eine coole Jacke anhatte, dann wenigstens nicht auch noch eine uncoole Sehhilfe. Bei dem Gefummel muss ich aus Versehen die Königin von denen angestoßen haben, sie rückte weg, und die Jungs auch, wohl um Angriffsschwung zu sammeln. Aber nein, sie verhielten sich ruhig. Ich wusste vorher nicht, das junge Gangster gegenüber Brillenträgern rücksichtsvoll sind. Also mit Brille war das schon ganz gut, eigentlich auch das Wetter, wohl seit Jahren. So ein Herbst ging wahrscheinlich gar nicht 10 Monate. Wieder raus aus dem Bus und die Brille aufgelassen. Alles rückte näher, wurde klarer, während der folgenden Tage und Wochen. War schon ganz sinnvoll, wenn ich nicht, wie Wochen zuvor, eine Frau von weitem anirrte, wie ein Blickficker, aus der vermeintlichen Anonymität, während sie mich schon voll auf dem Schirm hatte. Welch Überraschung, wenn die Madame mich plötzlich grüßte, worauf ich sie als eine Mutti aus der Schule von meinem Jungen erkannte. Ja, vieles wurde klarer, allerdings auch eine Gewöhnungssache. Wenn ich zu sehr vom zentriertem Geradeausblick ab kam und unter die Brillenränder blinzelte, wurde der Blick unscharf, zum Beispiel beim Kaffee trinken, wo meine Gläser beschlugen. Doch dafür brauchte ich die Brille genauso wenig wie beim Zeitungslesen. Brille auf, Brille ab, Brille auf, Brille ab. Mit beiden Händen hinter die Ohren geklemmt, und mit einem Mittelfinger noch mal rangerückt, direkt über das Nasenbein, und dabei den Mund so blöde offen gelassen, wie ein Karpfen. Ich hatte diese eigenartige Körpersprache der Brillenschlangen nicht nur schon tausend mal gesehen, ich hatte sie sogar schon verinnerlicht. Manchmal linste ich beiläufig unter die Brillenränder, eher unbewusst, vor allem beim Pinkeln. Dann war mein Schwanz eher unscharf, doch wenn ich zentrierter hinsah, kam er mir optisch so entgegen gesprungen. Also ich glaube schon, dass das einer Madame nicht immer und überall passt. Dafür habe ich neuerdings mehr Verständnis, ich sehe jetzt auch schlauer aus.

Ich fahre, fahre, fahre auf der Autobahn
Jochen Schmidt

1 Kapitalismus
Nervös wandert mein Blick zum Navi, das mir anzeigt, wann ich da sein werde, seit einer halben Stunde fiebere ich dem Moment entgegen, wenn die vorausberechnete Ankunftszeit endlich wieder nach unten korrigiert wird, wenigstens um eine Minute. So, wie ich rase, muß sich das doch endlich auswirken. Immer knapp 10 km/h über der Höchstgeschwindigkeit. Ich werde doch hier nicht als einziger korrekt fahren, das wäre so naiv. Wo wollen die überhaupt alle hin? Warum fahren die in dieselbe Richtung wie ich? Und dann auch noch so schnell? Gibt es da irgendwas umsonst? Ich muß auf jeden Fall dranbleiben, damit ich nichts verpasse. Seltsamerweise kommen von vorne genauso viele angerast, uns entgegen, da wo wir herkommen, scheint auch was zu holen zu sein. Vielleicht sollte ich schnellstens umdrehen und denen hinterherfahren? Wo gibt es mehr zu holen, da wo wir hinrasen, oder da, wo wir herkommen? Diese Ungewißheit macht mich ganz aggressiv. Tausende Autos, die mir entgegen kommen, wenn ich da dazwischengeraten würde, würden die einfach über mich wegrammeln und mich zermalmen, bis von mir nichts

mehr übrig ist. Und von hinten blüht mir das gleiche, wenn ich das Tempo nicht halte, die würden mich, ohne mit der Wimper zu zucken, unter sich begraben. Kann mir doch keiner erzählen, daß die wirklich alle in meine Richtung müssen. Und warum so schnell? Bis jetzt hat mich noch keiner überholt, wenn hier einer überholt, dann ich, einen nach dem anderen kassiere ich ein. Aber es ist wie verhext, vorne taucht immer noch ein neuer auf. Am liebsten ist mir der Abschnitt zwischen einer Abfahrt und einer Auffahrt. An der Abfahrt biegen immer ein paar Schwächlinge ab und die Autobahn leert sich, leider kommen dann an der Auffahrt gleich wieder ein paar neue von diesen Fuckern dazu. Es ist unerträglich, daß immer welche vor mir sind, ich kann so schnell fahren, wie ich will. Erst habe ich noch Golfs überholt, dann war schon ein Wartburg dabei, inzwischen überhole ich dauernd VW Käfer, die sind alle vor mir losge-

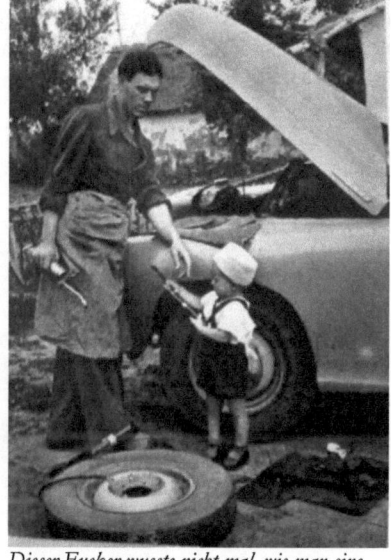

Dieser Fucker wusste nicht mal, wie man eine Zündkerze wechselt.

fahren. Irgendwo da vorne fährt Carl Benz, dann kommen die Pferdewagen. Gut, daß es inzwischen meistens drei Spuren gibt, von mir aus könnten es noch mehr sein. Fünf bis sechs Spuren, und ich immer auf der linken. Diese Fucker! Wenn mich einer von denen überholt, steig ich aus und spring von einer Autobahnbrücke. Hinter mir drängelt so ein Fucker, der denkt, daß er mich überholen kann, nur weil ihm seine Eltern ein schnelles Auto kaufen konnten. Und nicht mal wissen, wie man eine Zündkerze wechselt! Dieser Druck, vielleicht sollte ich doch mal in die Autobahnkirche gehen, oder fährt man da rein, wie in ein Autokino? Jetzt hat der mich rechts überholt, fuck, alles umsonst, ich bin nicht mehr der erste. Zweiter sein kann jeder. Ich muß mir endlich eine Knarre kaufen, damit es wieder gerecht zugeht,

21

und ich mich gegen diese Fucker wehren kann!

2 Kommunismus

Ich frage mich immer, ob sie die weißen, nicht durchgezogenen Striche in der Mitte der Straße erfunden haben, um Farbe zu sparen. Irgendwie werden die auch immer schmaler mit den Jahren, ich glaube, früher waren die doppelt so breit. Und waren die nicht auch bunt? Aber mir ist es recht, die Farbe ist ja Volkseigentum, damit muß man sparsam umgehen, sonst schadet man sich selbst. Ich fahre auch möglichst nicht über die Farbe, wenn ich die Spur wechsle, damit sie länger

Dutzende warteten im Kommunismus auf ein Auto. Ich schenkte es ihnen. Denn was sollte ich woanders, wenn es überall gleich schön war?

hält. Da vorne fährt einer in einem VW Polo, der kann nicht so schnell. Vielleicht sollte ich ihm anbieten, ihn zu ziehen? Es kann doch nicht sein, daß bei uns immer noch manche schneller sind, nur weil die Autos nicht alle gleich sind. In einer idealen Gesellschaft fahren alle das gleiche Auto, dann gibt es keinen Neid. Im Kommunismus hebt sich der Verkehr so-

wieso von selbst auf, weil es keinen Grund mehr gibt, den Ort zu wechseln, es ist ja überall gleich schön. Diese sinnlose Rastlosigkeit, der Wettlauf jeder gegen jeden, das gehört zum Glück der Vergangenheit an. Im Kommunismus fährt man nur noch Auto, um die Schönheit der Landschaft zu genießen. Die meisten Autos haben deshalb Schiebedächer, durch die immer ein paar Köpfe gucken, das Haar im Fahrtwind, von überall Freudenschreie. Was ist denn das da? Eine Bierdose liegt auf dem Mittelstreifen, die muß noch aus dem Kapitalismus stammen. Ich halte an und sammle sie auf, um sie am nächsten Autobahnkulturpalast in einen Papierkorb zu werfen. Es ist schließlich meine Straße, Volkseigentum, da fühle ich mich verantwortlich. Oh, jetzt ist mir jemand zuvorgekommen, eine Gruppe Jugendlicher, die ihre Sommerferien mit Müllsammeln verbringt. Ich nutze die Gelegenheit, um ein paar Vergißmeinnicht aus meinem Garten zu pflanzen, die ich im Kofferraum mitführe, meine Mitmenschen sollen es auch so schön haben wie ich zuhause. Ich bin gespannt, wen ich diesmal am Treffpunkt abhole, die Leitung hat mir nur gesagt, wann ich dort sein soll. Ich bin schon den ganzen Tag so unterwegs und chauffiere Mitbürger. Im Kapitalismus fährt jeder nur für sich selbst, im Kommunismus fährt man immer dorthin, wo es für die Gesellschaft am nützlichsten ist. Im Kommunismus gibt es auch keine Unfälle mehr, genau wie es die Klassiker in ihren Schriften vorausgesagt haben, der Unfall gehört gesetzmäßig zum Kapitalismus, er schafft Arbeitsplätze, kurbelt den Konsum an und schürt die Angst vor dem Versagen. Die kapitalistische Straßenverkehrsordnung brauchte den Unfall, um sich zu legitimieren. Im Kommunismus gibt es keine Straßenverkehrsordnung mehr, weil sich alle Verkehrsteilnehmer aus Überzeugung richtig verhalten. Am Seitenstreifen steht jemand und winkt, sein Auto hat eine Panne. Ich halte an und gebe ihm meines, ich hätte keine Freude daran, wenn ein anderer es nötiger braucht als ich. Dann setze ich mich auf die Leitplanke, hole meine Mundharmonika raus und spiele ein Lied in Dur, während ich den Anblick unseres vollkommen harmonischen Verkehrs genieße, dessen Rauschen selbst wie Musik klingt. Es gibt bei uns kein Theater, keine Filme und keine Konzerte mehr, weil unsere Gesellschaft selbst zur Kunst geworden ist, die man jederzeit betrachten kann, um sich an ihrer Schönheit zu laben. Wozu soll man Skulpturen schaffen, wenn jeder Mensch vollkommen ist? Wie schön das Leben ist, wenn man immer schon am Ziel ist.

Tagebuch eines Bestattungsunternehmers

Andreas Kampa

2620 v.Chr. Ein Traum wird wahr. Gestern von unserem neuen Pharao zum königlich Hofbestatter ernannt worden. Wenn das mein Vater erlebt hätte! Er wäre stolz auf mich gewesen. Ich erinnere mich noch, wie er einst zu mir sagte: „Mein Junge, mach dir keine Sorgen! Gestorben wird immer." Kurze Zeit später ist er selbst gestorben. Er hat noch immer recht behalten, der Alte. Nach seinem Tod habe ich die Firma übernommen und ihr zu neuem Glanz verholfen. Man sieht daran, dass der Tod auch seine gute Seiten hat. Wer wüsste das besser als wir Bestatter? Das Leben geht nämlich auch nach dem Tod weiter, nur eben mit anderen Personen. Ich denke, das ist auch der Grund, warum es Gräber gibt. Der Grabstein soll uns daran erinnern, dass es jemanden gibt, der den Grabstein dorthin gesetzt hat, der also weiterlebt, obwohl jemand anders gestorben ist. Deshalb steht kein Beruf so sehr für das Leben wie der des Bestatters. Solange es Menschen gibt, wird es Bestatter geben. Das ist gewiss. Und der letzte Mensch wird ein Bestatter sein, der den vorletzten Menschen begräbt.

2619 v.Chr. Die Gerüchte, dass unser Pharao gesundheitlich nicht auf der Höhe sei, scheinen sich zu bestätigen. Heute den Auftrag aus der königlichen Kanzlei erhalten, dem Pharao einen Entwurf für sein Grab vorzulegen. Ich sympathisiere mit einer 2-Meter großen Stele aus Marmor, schön verziert, mit der Aufschrift: „Plötzlich und unerwartet schied aus unserem Leben: Cheops – König von Ägypten, 2620 v. Chr. – ...“ Todesdatum

Seit der Pharao mir den Wunsch fürs Design seines Grabmals aufs Handgelenk zu tätowieren versucht hatte, ahnte ich, dass seine Schrulligkeit seinen Reichtum überstieg.

kann man ja noch offen lassen. Ich hoffe, er findet meinen Vorschlag nicht zu protzig.

2619 v.Chr. Pharao zeigte sich wenig begeistert von meiner Stelen-Idee. Die Verzierungen würden ihm nicht gefallen, die Aufschrift sei überflüssig, das stünde sowieso alles in den Geschichtsbüchern, und Stelen seien doch irgendwie ein alter Hut. Er wolle mal was Neues. Was, konnte er auch nicht genau sagen. Ich solle mal einen Vorschlag machen. Einen Monat hätte ich Zeit.

2619 v. Chr. Mit meinem Vorschlag, ein riesiges Holzkreuz auf das Grab zu setzen, bin ich wohl meiner Zeit zu weit voraus. Pharao konnte sich jedenfalls nicht mit der Idee anfreunden. Immerhin gefiel ihm die geometrische Schlichtheit. In dieser Richtung solle ich mal weiterdenken. Und größer müsse es sein. Viel größer. Wie schnell könne ein Sandsturm alles überschütten, wenn es zu klein sei. Nun gut, der Kunde ist König. Ich werde sehen, was sich machen lässt.

2618 v. Chr. Langsam wird die Zeit knapp. Habe mich mal erkundigt, an welcher Krankheit der Pharao eigentlich leidet und wie viel Zeit mir noch bleibt. Ein Bekannter des königlichen Leibarztes, seinerseits selber Arzt, erzählte mir hinter vorgehaltener Hand, es handle sich bei der königlichen Krankheit um chronische Hypochondrie. Sie sei unheilbar und ende unweigerlich mit dem Tod. Ich werde mich also beeilen müssen.

2618 v. Chr. Mein Vorschlag, das Grab als riesigen Würfel zu gestalten, hatte dem Pharao zu viele Ecken und Kanten. Ich fand das zwar nicht, aber der König ist Kunde. Leider. Sicherheitshalber hatte ich diesmal noch einen zweiten Vorschlag vorbereitet, aber der Pharao hatte plötzlich eine eigene Idee. Das schlimmste, was einem passieren kann. Wie wärs denn mit einer Kugel?, sagte er. Das sei doch eine runde Sache, ein Symbol für die Sonne, den Mond und das ganze Weltall. Und sein Leichnam genau in der Mitte. So etwas hätte noch nie jemand gebaut. Eine Kugel mitten in der Wüste, 100 Meter hoch, 200, 300. Ein Weltwunder, das man noch in 5000 Jahren würde bewundern können. Die Kugel von Gizeh. Die Cheops-Kugel. Rund und unverwüstlich. Das wolle er haben, nichts anderes. Auch mein Einwand, dass das technisch schwierig zu machen sei, konnte ihn nicht mehr von seiner Wahnsinnsidee abbringen. Ich versuchte, die Kostenfrage ins Spiel zu bringen. Nichts zu machen. Das war ihm egal. Geld spiele keine Rolle, sagte er nur. Zu guter Letzt gab ich, auf seine hypochondrisches Leiden anspielend, die Zeitfrage zu

Bedenken. So eine Riesenkugel zu bauen, dauere Jahre, Jahre, ich betonte immer wieder: Jahre bis zur Fertigstellung. Wenn nicht Jahrzehnte. Mehrere. Vielleicht sogar ganze Menschenleben. Deutlicher konnte ich es nun wirklich nicht formulieren. Der Pharao gab sich unbeeindruckt. Geben Sie mir die Kugel, waren seine letzten Worte, dann entließ er mich.

2617 v. Chr. Ich weiß nicht, was ich machen soll. Die Kugel-Idee ist undurchführbar. Ich habe es hin und her überlegt, Experten befragt aus aller Herren Länder. Alle sagen dasselbe: Nicht machbar, unmöglich. Wie sage ich es nur meinem Pharao?

2617 v. Chr. Wagen Sie das Unmögliche, hat er gesagt. Er verlange ja nicht, dass ich zum Mond fliege, oder einen neuen Kontinent entdecke. Er wolle nur diese verdammte Kugel in der Wüste. Die Kugel von Gizeh. Aber wozu?, rief ich verzweifelt. Wozu soll das gut sein? Scheißegal, wozu, winkte er ab. Darüber könne sich ja die Nachwelt den Kopf zerbrechen. Irgendwelche Spinner werden schon herausfinden, wozu. Man müsse nur die Fantasie der Leute anregen. Die würden schon einen Sinn darin finden.

2617 v. Chr. Es ist unmöglich. Nicht machbar. Ich muss es irgendwie schaffen, ihn auf eine Halbkugel herunterzuhandeln. Eine Halbkugel könnte eventuell klappen.

2616 v. Chr. Baubeginn der Kugel. Durchmesser 150 Meter. Ein Kompromiss. 10 Jahre Zeit. Wenn's nicht klappt, wird es mein Grab, sagt er, sonst seines. Einer überlebt immer. Alte Bestatter-Weisheit.

2606 v. Chr. Unfassbar. Die Kugel steht. Morgen kommt das Gerüst ab. Die Stunde der Wahrheit. Ich kann es immer noch nicht glauben.

2606 v. Chr., einen Tag später. Die Kugel ist in den Nil gerollt und zerschellt. Der Pharao will sich jetzt meine zweite Idee mal anschauen.

Tante Dörte und die Kettwurst der Versöhnung

Volker Strübing

„Nee, Scheiße war das, absolute Scheiße!"

Oh Mann, es hatte ein friedlicher Familienspaziergang werden sollen. Meine Freundin hat Besuch aus Holland; Tante Nelleke und Onkel Piet aus Eindhoven sind für ein paar Tage in Berlin und wir haben beschlossen meine Tante Dörte und Onkel Herbert zu besuchen. Die beiden wohnen in Marzahn, seit 1980 im selben Haus, in derselben Wohnung, 10. Stock, vier Zimmer, Küche mit Durchreiche, Müllschlucker, Panoramablick auf den Springpfuhl. Ich bin gleich um die Ecke aufgewachsen, Heinrich-Rau-Straße, Allee der Kosmonauten, Kino Kosmos, das ist meine alte Hood und ich hatte gedacht, es sei eine hübsche Idee, der Freundin und ihrer Verwandtschaft meine alte Heimat zu zeigen und ein bisschen Familienzusammenführung zu betreiben. Das Wetter ist schön, wir spazieren durch das erstaunlich grüne Plattenbaugebiet. Alles geht gut, bis Tante Dörte und Onkel Herbert bei unserer ersten Rast in einem traurigen Café aneinander geraten. Anlass ist ein Foto aus den 80ern, das uns Onkel Herbert auf seinem Handy zeigt: Er und Tante Dörte im Kreise betrunkener Menschen in einem typischen WBS-70-Plattenbautrockenraum. Schreckliche Frisuren, überquellende Aschenbecher, Bierflaschen und ein DDR-Wimpel.

„Hausgemeinschaftsleitungssitzung", nickt Onkel Herbert und beugt sich zu unseren Gästen aus Rotterdam. „HGL. Damals gabs ja noch Gemeinschaft, da haben sich alle noch gekannt. Und man hat sich geholfen und zusammen den Vorgarten jepflegt, Goldene Hausnummer und dis alles, aber eigentlich gings ums zusammen Leben und Feiern. War halt alles nich so anonym und ellenbogenmäßig wie im Kapitalismus, verstehnse?!"

Ich weiß nicht wieviel Nelleke und Piet verstehen, ich glaube, sie sind vor allem von dem Wort „Hausgemeinschaftsleitungssitzung" beeindruckt, ein Wort, wie es nur

Deutsche konstruieren können, ein Wort, bei dem man Angst bekommt, dass es sich jeden Augenblick die Stiefel anzieht und losmarschiert, um halb Europa zu besetzen. Aber sie nicken freundlich. „Gezellig", sagt Tante Nelleke.

Herbert ist zufrieden: „Jezellig, jenau!" und das ist der Moment, wo Tante Dörte die Hutschnur platzt: „Nee, Scheiße war das, absolute Scheiße!" ruft sie also und ich zuppel am Ärmel ihre Bluse, weil sie sich in der Lautstärke etwas vergriffen hat. „Psst, Tante Dörte!" „Was heißt hier Psst, nüscht pssst, die Zeiten sind vorbei, wo man nicht sagen konnte, wenn was scheiße war."

„Also ich fands prima", sagt Onkel Herbert.

„Ja, das weiß ich, dass du das prima fandst. Die scheiß HGL-Abende und überhaupt! Du warst ja überall dabei, wo's was zu saufen gab!" Onkel Herbert grinst und wirft ihr einen Handkuss zu, das Tantchen schimpft weiter: „Aber wehe, man hatte keine Lust auf die feine Hausgemeinschaft und die goldene Hausnummer und vor allem die ständige Sauferei im Namen des Sozialismus. Arbeiterfahne hissen, hab ich das immer genannt, weil die doch alle nach Bier und Schnaps gestunken haben. Wehe du hast nich mitgemacht, dann wurdeste komisch angeguckt und gefragt, ob dein Klassenstandpunkt etwa nicht gefestigt ist. Dabei war

ich vielleicht die einzje Kommunistin in dem ganzen Haufen. Bäh, diese Heuchelei. Diese Idioten, die am Anfang des Abends noch eine Lobrede auf die DDR gehalten haben, und dann, nach drei Weinbrand haben sie auf den Scheiß Osten geschimpft, nach dem vierten jeder Frau an den Arsch gegrabscht und nach dem fünften Naziwitze erzählt. *Mein Vater is ja auch im KZ gestorben, ja, der is besoffen vom Wachturm gefallen*, hahaha, den weiß ich noch, der kam vom Köhler unserem Nachbarn im 6. Stock, HGL-Vorsitzender, Parteimitglied, GST-Ausbilder, Sportlehrer – das warn die schlimmsten – jahrelang hatter Kinder über die Sturmbahn gehetzt und dann 1990 – Peng! – Immobilienmakler, Schwein bleibt Schwein! Kein Wunder, dass die DDR vor die Hunde gegangen ist, bei solchen Typen. Hinterher waren se natürlich alle die großen Wendehelden und habens ja schon immer gewusst und die Sauferei war passiver Widerstand. Gesellig?! Nee, Scheiße! Und wenn wir schon mal dabei sind: FKK war auch Scheiße! Wir waren doch nich nackig, weil wir's toll fanden, sondern weil die Klamotten im Osten so hässlich waren!"

Ich bemühe mich, die Wogen zu glätten: „Na, zum Glück ist das ja jetzt vorbei, mit der DDR und den Hausgemeinschaftsleitungssitzungsbeäufnissen." Piet klappt die Kinnlade runter, als ich das Wortunge-

tüm gebäre. Er schaut mich an wie einen Irren. Onkel Herbert schaut mich auch an wie einen Irren. „Zum Glück?" fragt er, „Zum Glück?!" Meine Freundin winkt dem Kellner und zahlt, während nun Onkel Herbert sich in Rage redete: „Jetzt ist doch alles noch viel schlimmer, jetzt dürfen wir die Scheiße zwar Scheiße nennen, dafür steht sie uns jetzt bis zum Hals! Demokratie, da pfeif ich drauf! Weeßte, als die in Griechenland Syriza gewählt haben und diesen Tsipri … Tsipra … na ihr wisst schon …"
„Den Schmucken", sagt Tante Dörte.
„Na, du nun wieder! Jedenfalls hab ich da gesagt: Jetzt guck ich mir das noch einmal an, mit dieser Demokratie, wärn wir doch mal sehen, ob der was ausrichten kann. Naja, muss ich euch ja nicht erzählen, was war … Scheiß Westen! Dafür bin ich 89 nich auf die Straße jejang!"
Dafür bin ich 89 jedenfalls nicht auf die Straße gegangen"
„Du bist 89 nicht auf die Straße gegangen", schnauzt Tante Dörte.
„Doch, um Bier zu holen, du hast dich ja geweigert, mir welches mitzubringen!"
„Ja, Saufen, Saufen, was andres hattste damals nich im Kopp. Und dann warste plötzlich ganz vorne mit dabei beim Helmut Kohl und hast Deutschland einig Vaterland gebrüllt!"

Verdammt, warum sind wir nicht einfach in den Tierpark gegangen? Ich hatte doch keine Ahnung, dass Tante Dörte den Kommunismus gut aber die DDR scheiße fand und Onkel Herbert genau umgedreht
„Na, weil ichs jegloobt hab, wasse uns versprochen hab, aber jetzt gloobick keim mehr örjendwas. Verkooft ham se uns, verkooft."
Wir stehen inzwischen auf dem Helene-Weigel-Platz und bekommen einige Aufmerksamkeit von den Passanten. Die einen nicken beifällig, andere schütteln den Kopf.
Tante Dörte stampft mit dem Fuß. „Quatsch!", ruft sie „Wir haben uns selbst verkauft! Fürn Appel und Ei und ne Banane undn Videorekorder. Schöne Revolutionäre, die sich am nächsten Tag beim Begrüßungsgeld anstellen, wir haben uns verkauft und als se uns übern Tisch ziehen wollten, sind wir ihnen noch entgegengesprungen!"
„Guckt mal, da drüben, die Beton-Tischtennisplatten!", rufe ich in einem verzweifelten Versuch die Stimmung zu retten. „Da habe ich schon als Jugendlicher dran gespielt. Jeden Tag nach der Schule." Die Freundin übersetzt ins Niederländische. „Da hab ich mich reihum in alle Mädchen aus der Klasse verliebt, obwohl sie hässliche 80er-Jahre-Ostfriseur-Frisuren und Achselhaare hatten." Die Freundin un-

terbricht die Übersetzung und guckt mich an, ich zucke die Schultern: „Wir hatten doch sonst nüscht!"

„Genau, weeßte noch Dörtchen mein Törtchen, hähä!"

Tante Dörte bringt ihn mit einem Blick zum Schweigen und macht dann einen klugen Vorschlag. „So. Jetzt haben wir auch genug über die DDR geredet. Lasst uns mal über die Niederlande reden." Ich nicke begeistert-

„Die Niederlande", sagt Onkel Piet, „die Niederlande sind ja praktisch die DDR des Westens!"

„Was???"

„Ja, ich hab mich mal schlau gemacht. Die Niederlande haben 17 Millionen Einwohner, genau so viel hatte auch die DDR! Und sie grenzt an die BRD, genau wie die DDR!"

„Quatsch!", watscht Tante Dörte ihn ab. „Die Niederlande sind doch nicht wie die DDR! Die Niederlande sind wie die Schweiz! Es gibt in beiden Ländern viele Kühe, beide machen tollen Käse und beide haben ulkiges Deutsch als Landessprache! Die Schweiz ist das Niederlande der Berge!"

„Die Niederlande sind die Schweiz der Küste!", ruft Onkel Piet.

„Berlin ist das Amsterdam Venedigs!", rufe ich, um noch ein bisschen Verwirrung zu stiften.

Plötzlich breitet Onkel Herbertt seine Arme um die Freundin und mich. „Ohne die Wende hättet ihr zwei euch nie kennengelernt. So hat sich die Scheiße doch fast schon gelohnt"

Und dann machen wir uns auf den Weg zur Schönhauser Allee, das hat sich die Tante gewünscht, da gibt es noch Kettwurst wie Osten, und die hat sie doch immer so gern gegessen. Und unsere niederländischen Gäste sollen doch mal sehen, dass es in der DDR nicht nur Mauern und Hausgemeinschaftsleitungssitzungen gab, sonder auch Kettwurst.

„Die Kettwurst war ja der Joint des Ostens", erkläre ich Piet und Nelleke. Es wurde dann noch ein sehr schöner Nachmittag.

Es war bedrückend

Stephan Serin

Seit einigen Jahren darf ich aus dem Urlaub keine Karten mehr versenden. Oder genauer: Nur, sofern diese vorher von Melanie gegengelesen und eine Ausfuhrgenehmigung erhalten haben. Ich verstoße in ihren Augen zu kontinuierlich gegen Urlaubsgrußnormen. Das war nicht immer ein Problem. Bevor wir gemeinsam verreist sind, hat es sie nicht gestört, von mir nicht das Standardschreiben zu erhalten.

Sonnige Urlaubsgrüße aus Frankreichs heißem Süden sendet Dir Stephan.

Bisher habe ich viele malerische Orte auf meiner Rundreise gesehen. Das Essen hier schmeckt köstlich, ist aber teuer. Dafür ist das Wetter gut. Heute war ich in St. Tropez. Die Stadt hat mir sehr gut gefallen. Ich war auch schon baden. Die Wassertemperatur war ok, nicht zu kalt und nicht zu warm. Sie war genau richtig, wenn man nicht zu lange drin blieb.
Bis bald, Stephan.
P.S. Wenn ich zurück bin, gibt es weitere interessante Anekdoten.

Mit diesen Worten hätte ich mir den Weg in eine feste Beziehung mit ihr für immer verbaut. Zum Glück entschied ich mich für eine andere Schwerpunktsetzung.

Liebe Melanie,
ich bin gerade im Süden von Frankreich. Es gibt hier viele malerische Orte, allerdings habe ich die nicht beachtet, denn mein Interesse gilt ausschließlich den Französinnen. Es sind einige heiße Feger dabei. Mir fällt es allerdings etwas schwer, mich zu entscheiden. Darum habe ich sie zunächst nur photographiert, heimlich natürlich, damit sie sich nicht verstellen. Es wäre schön, wenn wir uns nach der Entwicklung der Photos mal treffen könnten, damit Du mir dabei hilfst, die Richtige auszusu-

chen. Ich möchte schließlich nichts falsch machen. Danke im Voraus.
Stephan.
P.S. Falls dich keine überzeugt, dann müssen wir beide es eben versuchen, so leid es mir tut.

Die Zeilen rückten mich sicherlich nicht ins beste Licht, aber sie waren für Melanie zumindest überraschend. Das genügte ihr damals, um mich interessant zu finden. Sie hat mir sogar mal zu Beginn unserer Beziehung gestanden, wie sehr sie sich auf Karten von mir freute, weil sie nie wusste, was sie erwartete. Das war bei Felix anders gewesen, meinem anfänglichen Nebenbuhler, der sich aus Polen meldete:

Liebe Melanie,
ich sende Dir herzliche Urlaubsgrüße aus Krakau. Die Stadt mit der schönen Architektur und den vielen Kirchen und Synagogen hat mir sehr gut gefallen. Ich war auch in Auschwitz. Es war beeindruckend und bedrückend zugleich. Das Ausmaß habe ich mir nicht vorstellen können. Jetzt weiß ich, dass wir nicht vergessen dürfen. Mir fehlen die Worte angesichts dieser schrecklichen Verbrechen. Jeder sollte sich selbst ein Bild machen.
Dein Felix

Da Melanie sich selbst längst ein Bild gemacht und zudem eine Karte gleichen Wortlauts zuvor bereits von ihrer Großmutter erhalten hatte, ergänzt um den Nachtrag: Opa und ich haben ja damals gar nichts von alldem gewusst, gab sie mir den Vorzug.

Ich weiß nicht, ob sie es bereut hat. Vielleicht würde sie sich heute anders entscheiden. Zumindest änderte sich ihre Einstellung zu meinen Texten durch einige Grüße, die ich von gemeinsamen Reisen versandte. Ein früher ging aus Rumänien an meine Eltern:

Wir hatten uns gar nicht gestritten. Ich wollte meinen Eltern einfach nur eine Freude machen, die mir immer versucht hatten einzureden, Melanie sei nicht die Richtige für mich. Sie hoffen auch nach 14 Jahren noch, obwohl wir mittlerweile Kinder haben, dass das mit uns nichts Ernstes ist. Es gab noch einige weitere Karte, aber die, die meine Freundin dazu brachte, meine Urlaubsgrüße zu zensieren, schrieb ich im Jahr 2006 aus Indien an Melanies Eltern.

Liebe Mama, lieber Papa. Melanie und ich sind gerade in Braşov. Soeben haben wir uns gestritten. Sie ist in irgendeine Richtung gelaufen. Ich weiß darum nicht, ob wir noch als Paar aus Rumänien zurückkommen werden. Sie kann sich in fremden Städten nicht gut orientieren. Falls nicht,

Seit ich meinen Schwimmlehrer an der Bushaltestelle stehengelassen hatte, war mein Leben nicht mehr dasselbe.

Liebe Elke, lieber Norbert, diesmal schreibe ich Euch die Karte aus dem Urlaub. Melanie ist dazu leider nicht in der Lage, denn sie befindet sich gerade in der Hand islamistischer Separatisten. Die Verhandlungen laufen noch. Rückblickend muss ich gestehen, dass es ein Fehler war, sie zum

dann stellt bitte aber keine Fragen. Nur so viel möchte ich verraten: Es war natürlich nicht meine Schuld. Ihr kennt mich ja. Und Ihr kennt ja auch Melanie.

Trampen nach Kaschmir zu überreden. Ansonsten ist der Urlaub aber schön. Das Wetter spielt mit und wir hatten auch noch keinen Durchfall. Ich halte Euch auf dem Laufenden, wie

es mit Melanie weiter geht.
Euer Stephan

Ich war davon überzeugt, die Adressaten würden verstehen, dass es sich nur um einen Scherz handelte und diesen sogar als angenehme Abwechselung zu den Urlaubsgrüßen auffassen, die man gar nicht mehr las. Aber meine Freundin schickte vorsorglich eine Karte hinterher, indem sie ihre Eltern aufklärte. Sie traute ihnen so viel Scharfsinn nicht zu. Internet war nicht nicht zur Hand und ein Handy besaßen wir damals noch nicht. Von da an verlangte Melanie von mir, ihr die Karten vor dem Einposten vorzulegen. Ich verzichtete lieber ganz darauf, welche zu verfassen, statt sie kontrollieren zu lassen. Und da sie selber nicht gerne welche schrieb, bekamen Familie und Freunde seitdem kaum noch Post aus dem Urlaub von uns.
Geändert hat sich das erst wieder, seitdem unsere Kinder denken können. Sie haben uns die Texte zunächst immer diktiert. Dieses Jahr haben sowohl Max als auch Hannah sie ganz alleine formuliert. Max hat an meine Eltern geschrieben.

Liebe Oma, lieber Opa,
wir sind in Italien.
Euer Max, Eure Lea und Eure Melanie.

Da die Schrift unseres fünfjährigen Sohnes noch ausgesprochen groß ist, hat mein Name nicht mehr auf die Karte gepasst. Melanie hat sich amüsiert. Weniger über die Nachricht seiner Schwester an die anderen Großeltern:

Liebe Oma, lieber Opa,
wir sind in Italien. Heute haben wir Max an der Bushaltestelle vergessen, mit dem Geld. Eure Hannah.

Sie kommt ganz nach mir. Schade, dass es ihre letzte frei geschriebene Karte gewesen sein wird. Von nun an wird Melanie alle von ihr zensieren. Da bin ich mir sicher.

Geheimes Gedankenprotokoll der Mondlandung
Andreas Kampa

No. 2: Bald sind wir auf dem Mond. Dann werden alle Armstrongs Namen kennen. Er wird in die Geschichtsbücher eingehen. Neil Armstrong – der erste Mann auf dem Mond. Nur an mich wird sich niemand erinnern. Ich werde für alle nur die namenlose Nummer 2 sein. Ich – Nummer 2. Wie heiße ich eigentlich? Eben wusste ich es doch noch.

Armstrong: Ob sie den Mond nach mir benennen? Immerhin werde ich der erste Mann auf dem Mond sein. Oder sollte ich sagen: auf dem Armstrong? Ja, das klingt gut. Ich bin der erste Mensch auf dem Armstrong. Laterne, Laterne – Sonne, Armstrong und Sterne. Der Armstrong ist für Ebbe und Flut verantwortlich. Heute haben wir Vollarmstrong.

Michael Collins: Warum darf *ich* eigentlich nicht auf den Mond? Ich fliege hier ins Weltall, nur um Schmiere zu stehen für die beiden Herren: Armstrong und ... den anderen Typen. Wie heißt der eigentlich?

No. 2: Peter. Nee. Shawn ... oder John? Nein. Irgendwas mit S. Ssss – Ssss – Ssssusan. Sue Ellen?

Armstrong: Vorhin habe ich Erdnussbutter aus der Tube gegessen. Was ist das für ein Gefühl, Mr. Armstrong, Erdnussbutter zu essen, wenn man weiß, dass man bald der erste Mensch auf dem Mond sein wird? - Ach, wissen Sie, es ist einfach nur Erdnussbutter – hahaha.

No. 2: Vorhin hat Armstrong Erdnussbutter gegessen. Was hab *ich* eigentlich gegessen? Ist ja auch egal. Ich bin doch sowieso nur die Nummer 2. Wen interessiert schon, was ich gegessen habe, als Armstrong zum Mond flog. Armstrong: Ich muss mir jeden Augenblick merken. Jedes Detail.

Hoppla, jetzt habe ich gefurzt. Mein erster Furz im Weltall. Es ist nur ein kleiner Pups für den Menschen, aber eine große Sauerei für die Raumkapsel.

Collins: Was riecht denn hier so? Nummer 2 hat doch wohl nicht in die Hosen geschissen? Was für ein Versager! Und einen wie den lassen sie auf den Mond, während ich immer nur drum herum

Houston hatte ein Problem.

kreisen soll. Als ob ich nichts besseres zu tun hätte.

No.2.: Wieso riecht es denn auf einmal nach Erdnuss? Habe ich etwa Erdnuss gegessen?

Armstrong: Ich treibe nach vorn. Wer hätte gedacht, dass ein Furz so einen Rückstoß bewirken kann. Ob ich das in meine Memoiren schreibe? Ich glaube, das lass ich lieber weg.

No. 2: Es ist soweit. Wir koppeln ab. Wird ja auch Zeit, den Gestank halt ich nicht länger aus.

Collins: Typisch. Jetzt hauen die beiden ab und lassen mich in dieser Gaswolke sitzen. Das ist nicht fair. Wie soll sich denn hier der Gestank verziehen? Es ist ja nicht so, dass man ein Fenster öffnen könnte.

No.2: Jetzt bin ich allein mit Armstrong. Wenn ihm jetzt was passiert, bin ich der erste Mensch auf dem Mond. Dann werden sie den Mond nach mir benennen. Laterne, Laterne, Sonne, Nummer 2 und Sterne...

Armstrong: Wie ging noch mal mein Satz? Es ist nur ein kleiner Mond für die Erde, aber eine großer ... Armstrong ... für die Menschheit?

No. 2: Ich könnte ihm einfach eine runterhauen. Was sollen sie schon machen? Einer muss auf den Mond, und wenn Armstrong gerade im Koma liegt, dann muss ich eben ran. Immer noch besser als irgendein Russe. Armstrong: ... ein kleiner Satz für einen Menschen, aber ein zu großer Satz für ... mich.

No. 2: Ich könnte wetten, er hat seinen Satz schon wieder vergessen. Dieser Idiot blamiert uns doch vor der Weltöffentlichkeit. Ich haue ihm jetzt eine runter. Das ist meine patriotische Pflicht.

Armstrong: ... ein großer Mensch für den Schritt, aber nur ein kleiner ...

No. 2: Uff. Verdammte Schwerelosigkeit.

Collins: Ich sehe die Erde.

Armstrong: Was war das?

No. 2: Scheiße, daneben. Dass hier aber auch alles anders ist. Auf der Erde wäre mir das nicht passiert. Verdammte Schwerelosigkeit.

Collins: Da ist die Erde.

Armstrong: Was macht denn Nummer 2 da an der Decke?

No. 2: Dieser blöde Rückstoß. Jetzt kann ich sehen, wie ich hier wieder wegkomme.

Collins: Schon wieder die Erde.

Armstrong: Wir sind da. Wie ging nochmal mein Satz? Irgendwas mit Mensch.

No. 2: Zu spät. Gleich geht er raus. Das wäre zu schön, wenn da jetzt ein Russe stehen würde. Ein kleiner Schritt für den Menschen, aber ein .. hoppla. Was machen Sie denn hier, Genosse Iwanowitsch? Die dämliche Fresse möcht ich sehen. Das würd ich dem gönnen.

Armstrong: Nummer 2 lacht mir zu. Das erste Mal, dass ich den lachen sehe. Scheint doch netter zu sein, als ich dachte.

Collins: Die Erde ... Mann, ist das langweilig.

Armstrong: Mann, ist das aufregend.

No. 2: Mann, ist das Scheiße.

Armstrong: Ein kleiner Schritt für ... Mensch!, ... ein großer Sprung für die Menschheit.

No. 2: Idiot.

Collins: Idioten. Das glaubt doch kein Mensch, dass die auf dem Mond sind. Die sind doch noch hier auf Apollo 11. Ich kann sie zwar nicht sehen, aber dieser Erdnussgestank kommt Weißgott nicht von mir. Das Ganze ist ein großer Schwindel.

Ich war ein Besser-Ossi oder Onkel Hain kommt

Dan Richter

Ob meine Besserwisserei angeboren oder anerzogen ist, weiß ich nicht. Nature or Nurture – die alte Frage. Da ich meine Eltern schon als Kleinkind in kleinen Dingen des alltäglichen Lebens korrigierte, muss es wohl in den Genen liegen oder vielleicht an einer Mutation der Muttermilch. Die moralphilosophische Fachwelt streitet ja darüber, ob Besserwisserei der Todsünde des Hochmut zuzurechnen sei. Dagegen spräche, dass es dem Besserwisser ja nur um die Sache geht: Den Fortschritt, die Wahrheit. Man möchte seine Menschen nicht in der Düsternis der Dummheit zurücklassen. So gesehen ist jedes Lehrbuch, überhaupt jedes wissenschaftliche Werk eine besserwisserische Anmaßung. Andererseits bohrt der Besserwissende in der Wunde des Schlechterwissenden. Er nervt den Nichtwissenwollenden, vor allem aber verbessert der Besserwissende in Situationen, die kein Belehren verlangen. Dies zu erkennen ist aber für den Besserwisser fast unmöglich, da es für ihn nichts Dringenderes gibt als die Richtigstellung eines Irrtums, und sei es die Korrektur eines Kommafehlers. Es kostete mich große Mühe zu lernen, mir wenigstens in zwischenmenschlichen Schlüsselsituationen auf die Zunge zu beißen. Vielleicht erkannte ich es mit Anfang 20, als mir meine Freundin beim schönsten Vorspiel zuflüsterte: „Du brauchst heute kein Kondom überziehen."

„Überzuziehen!"

„Was?"

„Es heißt, 'Du brauchst heute kein Kondom über*zu*ziehen.' Wer brauchen ohne zu gebrauchen, ist nicht zu gebrauchen."

Für diese Freundin war ich auch bald nicht mehr zu gebrauchen.

Aber zu lernen, die Angemessenheit der Belehr-Situation zu berücksichtigen, war für mich ein dornenreicher Weg – die Dornen dieses Wegs waren meine Besserwissereien und die Verletzungen zogen nicht nur die von mir Belehrten sich zu, sondern letztlich immer ich.

Meine ersten Opfer waren meine Kindergarten-Freunde, die ich mit frisch zusammengelesenem unnützem Wissen beballerte: „Welcher

35

Frühblüher bekommt die Blüten vor den Blättern?" Nicht nur kannte die richtige Antwort (Der echte Seidelbast) natürlich niemand, die meisten wussten nicht einmal, was Frühblüher sind, und eine erstaunlich viele kannten nicht einmal den Unterschied zwischen Blüten und Blättern. Gut waren natürlich auch Fragen, die ich zwar nicht verstand, aber deren Antwort ich wusste: „Was ist die Muttersubstanz von Radium?"

Mein Zwischenvortrag zum Thema „Zahlen als Unterpunkte. Warum man nicht 2.), sondern entweder 2. oder 2) schreibt", schien unerwünscht.

So lernte ich mit fünf Jahren, dass es nicht viel bringt, sich schlauer zu fühlen, wenn die Konsequenz kommunikative Ausgrenzung lautet.

Meine nächsten Opfer waren die Lehrer, und das zwölf Jahre lang. Ich wusste nicht alles besser, aber vieles. Talentierte Lehrer nutzten meine Fragen, um den Unterricht zu dynamisieren, während die weniger talentierten jedes Mal verunsichert waren, ob ihr am besten mitarbeitende Schüler, wenn er sich meldete, eine gute Antwort oder eine provokante Frage parat hielt.

Auch in schriftlichen Arbeiten testete ich regelmäßig die Lehrergrenzen aus. Diktat gegen Ende der ersten Klasse: „Onkel Hein kommt" lautete die Überschrift. Ich war in jener Zeit fasziniert von Zwielauten und Umlauten jeglicher Art. Onkel Hein kommt? Soso, das würde mir Frau H. bei der Korrektur nachweisen müssen, dass sie „Hein" so ausgesprochen hatte, dass man ihn nicht mit „ai" schreiben könnte. Andererseits wäre „Heyn" auch nicht schlecht, vielleicht sogar noch provokanter? Ich beließ es bei „Hain". Frau H. lobte mich später sogar – ein Bärendienst an der Bildung meines Charakters, in dem es sich der Dünkel bereits gemütlich gemacht hatte. Dieselbe Frau H. ging ebenso ruhig darüber hinweg, dass ich in Mathearbeiten die Variablen nicht x oder y nannte, so wie es andere Kinder taten, sondern diese ausnahmslos mit den Umlauten ä, ö und ü, sowie gelegentlich auch mit ß bezeichnete.

Weniger starknervig war Frau H.s Nachfolgerin, Frau B., die in der

sechsten Klasse, es ging im Geographie-Unterricht gerade um Industrie-Gebiete in Polen, mehrere Korrekturvorschläge zur Unterstreich-Form von Überschriften und Zwischenüberschriften ertragen musste. Ihre Stimme tremolierte bereits, als sie meinen unerbetenen Vortrag zum Thema „Zahlen als Unterpunkte. Warum man nicht 2.), sondern *entweder* 2. *oder* 2) schreibt" unterbrach, um zum öden Thema „Die Werft- und Hafenstadt Gdansk" zurückzukehren. Ich blätterte in meinem Buch, während B. an der Tafel säuselte und das auf ihrer A5-Karteikarte vorgemerkte Tafelbild abmalte. Die Klasse schläferte träumerisch vor sich hin. Eine kleine Zwischenfrage zum Aufmuntern: „Für den Export welcher Rohstoffe braucht denn Polen den Hafen?" Niemand meldete sich, ich schaute zum Tafelbild. Dort stand *Gdanst*. Mit T! Für alle sichtbar. Sollte ich wieder mal schlauer sein als die Lehrerin? Dies zu demonstrieren, durfte ich mir nicht entgehen lassen. Ich meldete mich. Frau B. musterte mich scharf: Würde ich wieder provozieren? Ich fühlte mich im Recht, und so muss mein Blick völlig unschuldig gewirkt haben, als ich, nachdem Frau B. mir zunickte: „Ja, Dan?" die Antwort gab: „Gdansk wird aber mit K geschrieben."
Nie wieder habe ich B. dermaßen ausflippen sehen: „Das *ist* ein K. Ein *K*!!" Sie übermalte das T zum

K und echauffierte sich über die gesamte Klasse. Warum habe man ihr, der jungen Absolventin in dieser Schule die trägste Klasse von allen gegeben, in der der Einzige, der überhaupt Energie genug habe, um den Arm zu heben, sich mit der Korrektur unwichtiger Nebensächlichkeiten beschäftige. Auf den Hinweis, dass Orthographie keine unwichtige Nebensächlichkeit sei, holte sie mich als Strafe zur mündlichen Leistungskontrolle an die Tafel. Mit dem aktuellen Stoff – „Industrie in den RGW-Staaten" – konnte sie mich nicht drankriegen, und so stocherte sie in vergangenen Themen herum: Faltengebirge, Glaziale Serie, Oberrheingraben. Die Pausenklingel dröhnte. B. suchte weiter nach Schwachstellen. Fünf Minuten später gab sie auf: „Pause!", und gab mir verdrossen die Eins. Es fühlte sich gut an, Recht behalten zu haben, aber mir war klar: Man hatte mich auf dem Kieker. Die ganze Schulzeit über. Durch meine Besserwisserei litten meine Beziehungen. Und sicherlich auch meine Gesundheit. Denn noch kannte ich nicht die Regel, dass die Gastronomie zu den Bereichen zählt, in denen Kritik sich leicht als Bumerang erweist. Den Kellnern ist es wohl einigermaßen egal, ob sie einen Teller ein oder dreimal durchs Lokal tragen müssen. Köche aber reagieren wie beleidigte Pianisten, wenn man ihre Kunst infrage stellt. Bemerkungen wie „Die Bechamelsoße am Spargel ist viel zu dick." oder „Rosmarin passt aber nicht an Geflügel" bringen Köche auf die Palme. Und erst spät erfuhr ich, dass sich diese Küchen-Lamas rächen, indem sie einem die Soße des neuservierten Essens ordentlich mit Eigen-Aule einspeicheln.

Ich habe gelernt, und habe gelernt zu schweigen, wenn ich falsch bedruckte Speisekarten oder orthographisch verhunzte Ladenschilder sehe. Ich zügle mein Maul, wenn Freunde ihr Geld für schützende Kristalle, „belebtes Wasser" und ähnlich geldschneiderischen Schrott ausgeben. Ich achte auf den passenden Ort und die passende Zeit, um auf die Lügen der Homöopathie aufmerksam zu machen. 381 Millionen Euro pro Jahr in Deutschland für Globuli aufgrund einer Hokuspokus-These, für deren Beweis jedem der Physik-Nobelpreis zuerkannt würde, deren Belege allesamt subjektiver Natur sind und genauso durch Wasserschlucken reproduzierbar wären… (Ich kann mich schon wieder nicht halten…)

Aber es gibt eine schöne Spielwiese für Leute wie mich: Immer wieder bestaunen Feuilletonisten die Arbeit und den Antrieb der Wikipedianer. Wie kann eine selbstorganisierte Enzyklopädie funktionieren? Wo nehmen die Macher die Zeit und den Ehrgeiz her? Hier ist die Lösung: Besserwisserei. Ich kann keinen Wikipedia-Artikel lesen, ohne Kommafehler zu korrigieren. Bei Behauptungen, die mir unwahrscheinlich erscheinen, schlage ich mir Stunden um die Ohren, um sie zu veri- oder falsifizieren, selbst wenn mich das Thema an sich nur peripher interessiert. So wurde im deutschen Artikel zum Italo-Amerikanischen Schlagersänger Al Martino behauptet, er sei in den 60ern nach England geflohen, weil er von einem Mafioso namens Luca Brasi verfolgt worden sei. Luca Brasi ist aber der Name eines Knochenbrechers im 70er-Jahre Film „Der Pate", bei dem Al Martino eine Nebenrolle hatte. Hier schien mir etwas durcheinandergebracht worden zu sein. Mehrere Tage verbrachte ich mit der Recherche, bis ich auf ein Zitat in der Augsburger Allgemeinen stieß, die einen Artikel einer amerikanischen Zeitschrift falsch übersetzt hatte, der wiederum sehr frei mit der Vita Al Martinos spielte. Ich strich in der Wikipedia einen Halbsatz und mich durchfuhr ein mentaler Orgasmus. Vor einem Jahr bin ich wegen meines Fleißes in der deutschen Wikipedia zum Sichter befördert worden. Wiki-Sichter! Seidelbast! Gdansk! Rosmarin! Bechamel! Brauchen nur mit zu! Globuli. Und Onkel Hain! Onkel Hain kommt!

Dinge, deren Kauf mir unangenehm ist: Teil 1

Stephan Serin

Schon gefühlte 30 Minuten durchkämme ich den Drogeriemarkt. Ich habe sie noch immer nicht gefunden. Darum nehme ich all meinen Mut zusammen und wende mich an eine *DM*-Mitarbeiterin. „Ich suche Vaseline. Wo steht die denn?", flüstere ich. Bevor die Frau antworten kann, jagt mir schon ein kalter Schauer den Rücken hinab. Ich bin froh, dass ich mich wenigstens nicht versprochen habe. Mehrmals habe ich mein Anliegen im Kopf vorher verbalisiert, um dieses so natürlich vorzubringen wie möglich, damit ich nicht den Verdacht errege, ich wolle mit diesem Produkt etwas Schweinisches treiben. Schon die Bereitschaft, den Kauf der Vaseline zu übernehmen, hat mich sehr viel Überwindung gekostet. Bereits beim Toilettenpapier fühle ich ein Unbehagen, weil ich mich die ganze Zeit frage, was wohl die anderen Kunden über mich denken, und ich schicke lieber meine Freundin in den Laden, um mich nicht zu kompromittieren. Und wenn ich für Melanie Slipeinlagen besorge, drängt es mich jedes Mal, die Kassiererin darauf hinzuweisen, dass die nicht für mich sind. Während die letztgenannten Artikel zumindest einer gewissen Notwendigkeit entspringen, findet Vaseline leider auch Verwendung in Arrangements, die selbst gewählt sind und darum ein Bild vom Käufer zeichnen, das Raum für Interpretationen lässt. Aber ich muss das jetzt durchstehen. Ich bin schließlich erwachsen und nicht mehr unsicher, wie es Teenager zu sein pflegen. Ich erreiche langsam ein Alter, in dem mir nichts mehr peinlich sein sollte. Um auf eventuelle Rückfragen

Man glaubte mir nicht, als ich beteuerte, die Vaseline lediglich als Melkfett zu benötigen.

oder Vorwürfe vorbereitet zu sein, habe ich auf Wikipedia recherchiert, wofür das Produkt alles benutzt werden kann. Das ist eine ganze Menge. Gegen rissige Hände, spröde Lippen, als Gesichtsschutz bei rauem Wetter und Kälte, als Make-up-Entferner, zum Entfernen von Teerflecken auf Haut und Leder, als Schmierstoff. Seine Funktion als Gleitmittel bei diversen Praktiken mit dem Partner ist nur eine unter vielen.

Doch die *DM*-Angestellte fragt nicht. Stattdessen führt sie auf dem Weg zum entsprechenden Regal Selbstgespräche. „Die Vaseline. Sie suchen also Vaseline. Wo haben wir denn die Vaseline?" Laut und deutlich, weil sie vor den anderen Menschen im Drogeriemarkt keine Geheimnisse hat. Was sie über mich denkt, weiß ich nicht. Aber die Aufmerksamkeit der vor allem weiblichen Kunden im Geschäft ist mir sicher. Ich meine Spott in ihren Augen zu erkennen. Natürlich weiß ich nicht, ob ich ihn mir nur einbilde, aber für Schweißausbrüche und zittrige Glieder reicht die Einbildung allemal. Warum nicht gleich eine Lautsprecherdurchsage für das ganze Geschäft? „Eine Durchsage für den Herrn mit den Geheimratsecken, der Brille und dem Kinnbart. Vaseline steht neben den Kondomen."

Wir erreichen unser Ziel. Sie deutet auf den untersten Boden. „Da! Ich würde Ihnen und Ihrem Freund aber lieber Gleitgel empfehlen. Das greift die Kondome nicht so an." Auch das noch. Ich hebe abwehrend die Hände. „Erstens habe ich keinen Freund, sondern eine Freundin.", stelle ich klar. „Und zweitens dient die Vaseline nicht sexuellen Zwecken, sondern ..." Ich überlege fieberhaft, was ich soeben noch hatte sagen wollen. Doch alle Verwendungszwecke sind aus meinem Kopf verschwunden. Nur einer fällt mir noch ein: „Ich stelle damit Melkfett her.", erkläre ich. Sie muss lachen. „Verstehe! Dann ist das wohl das Richtige für Sie." Sie entfernt sich. Habe ich noch mal Glück gehabt. Vielleicht unterstellt sie mir wenigstens Humor. Was hätte ich ihr erzählt, wenn ich Kondome gekauft hätte? „Die Kondome sind nicht für mich. Die sind für meine Freundin." Nein. Das soll dann ruhig Melanie machen. Ich lasse die Vaseline stehen und greife nach der Gleitcreme. Die eignet sich hervorragend für das Einführen von Magensonden und in der Veterinärmedizin.

Chips and Drugs and Rock'n'Roll

Dan Richter

Das fünfjährige Kind war dick und roh. Und es stopfte Kartoffelchips in sich rein. Viel-leicht stopfen alle Kinder Kartoffelchips in sich rein, wenn sie welche in die Hand kriegen, und nur bei den Dicken denkt man heimlich: „Kein Wunder!" Saß ich einem psychischen Repräsentationsfehler auf? Nein, ich glaube nicht. Wenn man zwei miteinander befreundete Kinder nebeneinander auf der Straße Chips naschen sieht, dann ist es immer das fette Kind, das die Tüte hält. Es wirft sich die

Chips ins Gesicht, und man merkt an der Beiläufigkeit der Handlung, dass Kartoffelchips zu seiner täglichen Nahrung zählen.

Bei Kleinkindern versuche ich immer, mir zu sagen: „Es ist ja nur ein Kind." Ab drei Jahren wird es schon schwieriger. Es gibt die hübschen, die neugierigen, die netten, die charmanten Kinder, aber leider auch die trottligen Grobiane, die desinteressierten Zwerge. Meistens gelingt es mir auch bei denen, mir zu sagen, dass sie ja ihr Verhalten nur von irgendjemandem abgeguckt haben. Und auch dieser Jemand ist nur irgendjemandes Kind. Der auf der Straße brüllende Alki, die unfreundliche Kassiererin, der breitbeinig in der U-Bahn sitzende BZ-Leser mit Schweißflecken unterm Thor-Steinar-T-Shirt. Alle waren sie mal Babys, deren Mütter sich eine schönere Zukunft für sie erhofft hatten. Vielleicht.

Meine Großmut gegenüber verschlagen dreinschauenden Kartoffelchips mampfenden Grob-Gnomen rutscht allerdings gegen Null, wenn sich ihre Grobheit gegen meinen dreijährigen Sohn Django richtet, der, nebenbei bemerkt, schlank aber kräftig, ungeheuer schön aber auch niedlich, für sein Alter unglaublich intelligent und sozial verträglich, wahnsinnig witzig aber auch bescheiden ist und ein überdurchschnittliches

Talent auf den Gebieten des Gesangs, der freien Dichtung, der Malerei, der Kneterei, der Mechanik, der Pantomime, des Rollenspiels, der Leichtathletik und dem selbständigen Rutschen auf dafür vorgesehenen Spielplätzen entfaltet.

Der dicke Thorben, von seiner ebenfalls runden Chips-Versorgerin auch „Torm" genannt, übt mit seinem Fußball, auf imaginäre Tore zu schießen, und als ihm dies langweilig wird, erweitert er

Man brauchte Thorben nicht zu drängeln. Seine Chips aß er stets brav auf.

seinen Schussradius, bis ihm Django den Ball zuzuspielen versucht, was Chips-Torm als unbefugte Balleignung wertet und ihn kurzerhand mit einem kräftigen Tritt gegens Schienbein foult.

Ich bin schneller am Platz des Szenarios als eine Helikopter-Löwenmutter. Vor 40 Jahren hätte Torm von einem anderen Vater kurzerhand eine gescheuert bekommen. Doch erstens sind jene seligen Zeiten der körperlich nachhaltigen Maßregelung Wehrloser vorbei, zweitens liegt mir Gehaue nicht. Und so erläutere ich Torm den Sachverhalt mit vier nachdrücklichen Worten: „Tu! Das! Nie! Wieder!"

„Torm!" Die Rundliche stürmt herbei. „Was hast du getan! Das ist ein kleines Kind…" Mit frappierenden Eloquenz erläutert sie ihrem Sohn die soziale Inadäquanz seines grenzüberschreitenden Verhaltens, der sich daraufhin ehrlich entschuldigt. Beide Kinder traben fröhlich vom Platz des Geschehens, wie um den Zwischenfall nicht nur zeitlich, sondern auch räumlich und sozial hinter sich zu lassen. Die Dicke und ich erheben uns, dann schaut sie mir in die Augen: „Wie würden Sie das eigentlich finden, wenn ich Ihren Sohn am Arm ziehe?"

Ich brauche einen Moment, um zu verstehen. Dann antworte ich: „Ich hab ihn gar nicht gezogen, nur festgehalten."

Als ich das sage, klinge ich unreifer als Thorben. Sie antwortet nichts, sondern schaut mich nur an. Hab ich ihn gezogen? Nein. Höchstens ein bisschen rumgezerrt. Wenn sie sich jetzt wenigstens zickig aufspielen würde, dann könnte ich meinen Ärger bequem kanalisieren. Tut sie aber nicht. Sie lässt mich allein mit meinen Schuldgefühlen.

„jasorry", nuschle ich.
„Wie bitte?"
„Entschuldigen Sie bitte!"
Sie lächelt.
Gleich unseren Söhnen gehen wir vom Platz. Später, als wir uns zufälligerweise gleichzeitig setzen wollen, sehen wir, dass unsere Jacken nebeneinander auf der Spielplatzbank liegen. Es wäre jetzt blöd, künstlich auf Distanz zu gehen. Wir setzen uns nebeneinander. Als sie mir Chips aus ihrer Tüte anbietet, sage ich nicht Nein.

Mathematikbuch Klasse 1
Jochen Schmidt

Wir steckten unsere Bücher in die Schutzumschläge, die unsere Eltern im Schreibwarenladen für uns gekauft hatten. Die Gummioberfläche hatte ein Profilmuster, Würfel in der Perspektive dargestellt, und so ineinander verschachtelt, daß es

42

wie eine optische Täuschung aussah. Die Seitenwand einer Pyramide, an der man hochsteigen konnte, oder, je nachdem, wie man die Augen einstellte, die Seitenwand einer auf dem Kopf stehenden Pyramide. Zwei Flächen der Würfel hatten hervorstehende Linien, die ein Geräusch wie eine kleine Säge machten, wenn man mit dem Fingernagel drüberstrich. Mein Name wurde auf einen Zettel geschrieben und mit Tesaband auf den Umschlag geklebt, das Buch gehörte jetzt für ein Jahr mir.

Ich mußte es in die Schule mitbringen, wenn ich Mathe hatte, das durfte ich nicht vergessen, sonst hatte ich kein Buch und fühlte mich elend. Die anderen, die ihre Bücher nicht vergessen hatten, kamen mir so glücklich vor, für sie war alles in Ordnung, sie konnten mitmachen, während ich mich bei der Lehrerin melden mußte und im Klassenbuch einen Strich bei „Ordnung" bekam.

Ich mußte beim Nachbarn reingucken, dem das nicht recht war. Es war unser erstes Mathebuch, aus dem Verlag Volk und Wissen Volkseigener Verlag Berlin. Das Volk brauchte Wissen, und der Verlag, der die Bücher für das Volk machte, gehörte dem Volk. Am Anfang war alles ganz einfach, aber Seite für Seite wurde es schwerer, das war von Anfang an klar. Andersrum wäre es nicht gegangen.

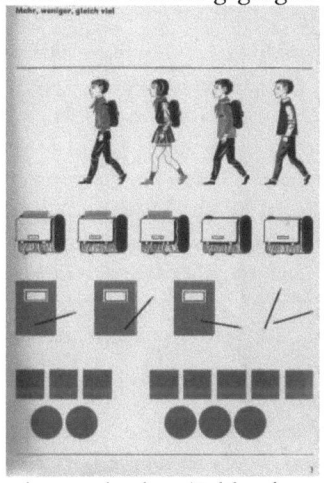

Es ging noch ohne Zahlen los, wir lernten „Mehr, weniger, gleich viel". 4 Kinder, aber nur 3 Schultaschen. Fünf Schultaschen, aber nur drei Bücher. 25 Schüler, aber nur 24 Mathebücher.

Immer wieder dieses Prinzip. Es ging sogar mit Kreisen und Quadraten. Etwas konnte weniger, gleich viel oder mehr als etwas anderes sein, eine andere Möglichkeit gab es nicht. Das war so einfach, man mußte gar nicht überlegen. Leider

wurde man nur selten drange-
nommen.

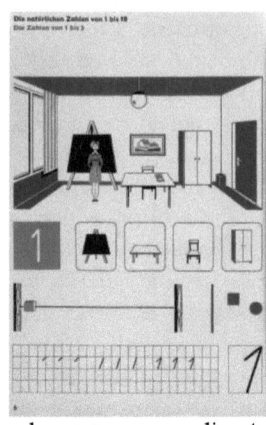

Alle meldeten sich wie Verdursten-
de, die Arme streckten sich zur
Lehrerin, so lang wie möglich. Die
linke Hand hielt den Mund zu, weil
wir keine Geräusche machen sollten beim Melden. Wenn man doch
nur drankäme. Die Lehrerin durfte
entscheiden, aber wonach ging sie?
Manchmal nahm sie jemanden
dran, der sich gar nicht gemeldet
hatte. Nur einer hatte Glück und
durfte sich mit einer Antwort aus-
zeichnen. Herrlich, die Antwort zu
wissen, sich von dieser Last zu be-
freien, es nicht laut sagen zu dürfen. Auf den Bildern im Buch saßen die Schüler so ordentlich da
und lächelten. Ein Mädchen hatte
kein Pioniertuch um. Alles war
immer genau symmetrisch, das war
schön.
Wir lernten die Zahlen zu schreiben, dafür hatten die Hefte Kästchen. Am einfachsten war die 1,
zwei Striche.

Am schwersten war die 4. Jede
Zahl bekam ein eigenes Kästchen,
in dem sie nicht viel Platz hatte.
Von der Tinte wurden die Finger
blau. Zahlen konnten kleiner als,
größer als und gleich sein. 2 ist
gleich 2, einfacher ging es gar
nicht. 9 ist größer als 8. Woher
wußte ich das? Es war so einfach,
daß es einen quälte, wenn jemand
einen Fehler machte. Auf jeder Seite kamen neue Bilder, nichts war
auf ihnen überflüssig, alles konnte
gezählt werden. Immer mehr Zahlen pro Seite. Rechnen war einfach,
das machte der Kopf ganz von
selbst. 2*9 = 9*2, wie sollte man
das erklären? Manche hatten Angst
vor Mathematik. Für manche war
es nicht einfach. Sie standen vor
der Klasse und guckten wie vor der
Hinrichtung, den Kopf zwischen
die Schultern gezogen, die Jungen
mit Schlaghosen aus braunem
Stoff, die Mädchen mit Rock und
dünnen Beinen, auf denen sich
blaue Äderchen abzeichneten. Alle

warteten gespannt auf die falsche Antwort, um loszulachen. 100 + 100 = 1000. So etwas Komisches hatten wir ja noch nie gehört.

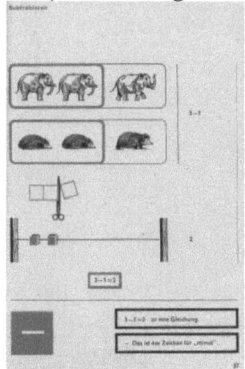

Wir saßen in unseren Bänken, immer zwei nebeneinander und schauten auf die Lehrerin. Wir waren jetzt Schulkinder und stolz darauf. Die Sonne schien durchs Fenster. Die Lehrerin hatte eine interessante Frisur. Sie war *unsere* Lehrerin, sie gehörte uns, wie eine Mutter. Frau Fischer, meine Lehrerin, ihre Unterschrift. Ich saß neben einem Jungen, der Denis hieß, ein ungarischer Name, er schenkte mir eine ungarische Briefmarke mit einem Bus. Warum war er nett zu mir? Ich weiß nicht, ob ich gerne zur Schule ging. Ich erinnere mich nicht, daß es mir etwas ausmachte. Bis jetzt hatte mich noch niemand verprügelt. Es war ja alles so einfach, außer Singen in Musik. Man mußte nur die Hausaufgaben machen, Rechenkästchen lösen.

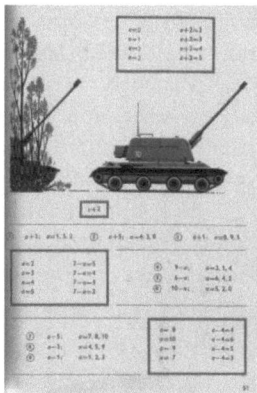

Nachmittags konnte man fernsehen oder auf der Couch hüpfen wie auf einem Trampolin. Meine Schwester brachte mich zur Schule, weil ich schwarze Lackschuhe anhatte, wiederholte ich immer „Lackschuhe", sie war davon genervt. Zurück ging ich alleine. An meiner Mappe waren Katzenaugen, damit die Autofahrer mich im Dunkeln sahen. Es gab auch Mädchen in der Klasse. Einmal brachte mich eine nachhause, seltsam, sie hatte das einfach selbst bestimmt.

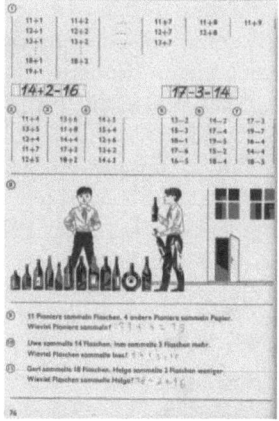

Ein netter Mann erklärte uns am Nachmittag, daß wir Pioniere würden. Ein Mädchen fiel dabei in Ohnmacht, sie konnte nicht so lange stehen. Einfach aufs Gesicht gefallen. Pioniere wollten wir gerne werden, dann konnten wir mit dem Pioniergruß grüßen und bekamen einen Ausweis mit Paßfoto. Pioniere mußten Altstoffe sammeln, damit es keinen Krieg gab.

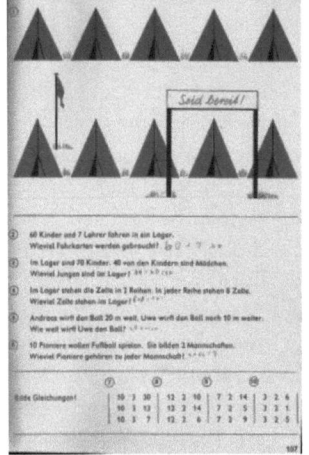

Aber man durfte auch ins Pionierlager fahren und später vielleicht in der Pionierrepublik leben, zusammen mit anderen Kindern.

Eines Tages bekam ein Junge eine Fünf. Alle hielten die Luft an. Die erste Fünf in unserer Klasse, die schlechteste aller Zensuren. Wir hatten die Fünf ja schon gelernt, sie sah schrecklich aus, eine Zahl zum Fürchten.

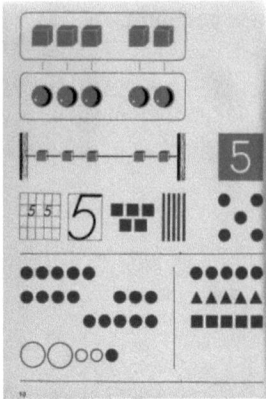

So etwas wollte ich nie erleben. Wenn man bei seinen Hausaufgaben alles richtig gemacht hatte, bekam man ein rotes, fünfzackiges Sternchen ins Heft gestempelt. Für sechs Sterne gab es ein Lob, also einen Zettel mit einem bunten Bild, auf dem Zettel stand „Sechs Sterne ein Lob". Man konnte zuhause aus Zeitschriften bunte Bilder ausschneiden, die die Lehrerin dann für ihre Lobe benutzen konntem, dafür bekam man auch ein Lob. Das war so einfach, man mußte es nur machen, aber ich machte es nicht, es kam einfach nicht dazu. Ich nahm es mir nur immer vor. Und dann zogen wir um, und es war zu spät.

Soliparty
Robert Naumann

Die Chaussee war gebeten worden, bei einer Solidaritätsparty aufzutreten. Nicht für Geld also, nur für den guten Zweck. Ich hatte ernsthafte Bedenken. Eine Solidaritätsparty sei immer gut fürs Renommee, meinten aber Dan, Volker und Jochen übereinstimmend und bedauerten, an diesem Tag keine Zeit zu haben. Dan, so wurde gemunkelt, hätte zu tun, Volker musste zur Geburtstagsfeier des Zwillingsbruders der Arbeitskollegin seines Großcousins und Jochen suchte im Kosovo nach einer Freundin, ein letzter verzweifelter Versuch, den Rest von Europa hatte er bereits erfolglos durchkämmt. So blieb die Sache an Stephan, Bohni und mir hängen, dem Klub der Behinderten. Bohni liegt im Clinch mit seiner Schilddrüse, damit kommt er allerdings nicht über den Rang eines Auswechselspielers hinaus. Meine Mittelohrschwerhörigkeit ist schon von anderem Kaliber, aber am meisten ist Stephan zu bewundern, der keinerlei Komplexe zu haben scheint, obwohl ihm die keiner vorwerfen könnte. Sehr selbstbewußt geht er um mit seinem Zwergenwuchs und den orthopädischen Schuhen, um mal das unschöne Wort Klumpfüße zu vermeiden. Jetzt ist es doch gefallen, aber das ist in Stephans Sinn, er hatte nie viel für Euphemismen übrig.

Die Party sollte im Hangar am Markgrafendamm stattfinden, einem Veranstaltungsort, von dem wir noch nie gehört hatten. Früher hätten dort illegale Punkkonzerte stattgefunden, so hieß es. Es roch also nach Berliner Untergrund. Ein Fall für Stephan, der keine Berührungsängste mit dieser Szene hatte. Er war schon auf so mancher Szene-Party aufgetaucht und hatte das Tanzbein geschwungen. Er liebte diesen Kick auf der Tanzfläche, die stete Gefahr, von den anderen Tanzenden zertreten zu werden. Oft bekam überhaupt niemand mit, daß Stephan es war, über den sie ständig stolperten.Sein Mut nötigt mir Respekt ab, und ich war beruhigt, ihn an meiner Seite zu haben, als wir den Hangar am Markgrafendamm suchten. Unter der angegebenen Adresse befand sich nur eine Mauer, die sich über mehrere hundert Meter erstreckte. „Laß uns abhauen", schlug ich vor, zumal es stockdunkel war und außer uns kein Mensch auf der Straße. Stephan hörte gar nicht hin, seine Augen suchten fieberhaft die Mauer ab. „Da" sagte er schließlich und zeigte auf einen Teil der Mauer. Tatsächlich, nur Stephan hatte das entdecken können, eine winzige Tür war in die Mauer eingelassen. Es war empirisch eigentlich völlig unmöglich, aber sogar Stephan musste sich bücken, als er durch den Türrahmen ging. Ich überlegte kurz, dann nahm ich Anlauf und hüpfte über die Mauer. Es war immer noch stockdunkel und eine zweite Mauer versperrte uns den Weg. „Na gut", sagte ich, „wir haben alles versucht, laß uns gehen."

Stephan legte die Finger auf den Mund und horchte in die Dunkelheit. „Hörst du das?", fragte er. „Was?" – „Das Knistern!" – „Ich hör nichts." – „Das ist eine brennende Mülltonne!"

Meine Anerkennung für Stephan verwandelte sich in Ehrfurcht, sein Gespür war sensationell. Er war so etwas wie mein Trüffelschwein, und ich folgte ihm, als er tastend an der

Bohni, der gerade aus dem Abfluß geklettert war, zeigte sich begeistert von der Fetenhits-CD

zweiten Mauer entlangging. Plötzlich blieb er stehen und befühlte einen lockeren Ziegelstein genauer. „Hab ich mir doch gedacht", murmelte er und drückte den Ziegelstein, worauf sich ein Teil der Mauer vor uns auftat. Wir kämpften uns durch ein meterhohes Gemisch aus Laub und leeren Bierflaschen, und Stephan kam immer wieder kurz an die Oberfläche, um nach Luft zu schnappen. Nach einer halben Stunde sah ich von weitem einen Schimmer, irgendwo vorn schien Licht zu sein. „Was könnte das sein?", fragte ich mich

leise. Neben mir tauchte Stephan aus dem Laub auf. „Eine brennende Mülltonne", meinte er und tauchte wieder unter. Er sagte das so lässig und beiläufig, als hätte er täglich mit brennenden Mülltonnen zu tun. Meine Ehrfurcht wuchs ins Unendliche.

Nach einer weiteren Stunde erreichten wir eine Lichtung, auf der ein Dutzend brennender Mülltonnen stand, die eine kleine Baracke beleuchteten. Ein rothaariges Mädchen mit lauter Ringen im Gesicht stand vor einem Lagerfeuer und rührte in einem großen Kessel, wahrscheinlich Kesselgulasch. „Hallo", sprach ich sie an, denn Stephan spuckte immer noch Laub aus dem Mund, „ist hier die Soliparty? Wir sollen hier auftreten." – „Ja", sagte sie, „das ist hier, aber warum hast du dein Kind mitgebracht?" – „Das ist nicht mein Kind", stellte ich richtig.

„Ich bin kein Kind!", meldete sich Stephan und ballte die Fäuste, „ich bin kleinwüchsig, hast du ein Problem damit?"

Das Mädchen wiegelte ab, aber so leicht sollte sie nicht davonkommen. Stephan war inzwischen mein Idol und so eiferte ich ihm nach: „Ich kann dich nicht hören", blaffte ich die Rothaarige an, „aber wenn du dich darüber lustig machen solltest, dann wird Stephan mich davon in Kenntnis setzen!"

„Jawoll!", bekräftigte Stephan, „und dann hast du zum letzten Mal einen Behindertenwitz gemacht!"

Das Mädchen kapitulierte, sie hatte wohl eingesehen, daß wir selbstbewusste Behinderte waren, keine von denen, über die man sich ungestraft lustig machen konnte. Vielleicht hatte sie das gar nicht vorgehabt, aber es war gut, die Fronten geklärt zu haben. Wir gingen in die Baracke, sie war leer bis auf den DJ, der zu seiner Fetenhits-Nr.4-CD tanzte. „Noch keiner weiter da?", fragte Stephan. „Nö", sagte der DJ und wendete sich wieder ab, um sich ganz auf seine Beinarbeit beim Tanzen konzentrieren zu können.

Wir setzten uns in eine Ecke, jetzt hieß es cool bleiben. Plötzlich flog ein Abflussgitter zu unseren Füßen zur Seite, eine Hand erschien und Bohni kletterte aus dem Abfluß. Es gab also noch einen anderen Weg. Wir begrüßten uns auf die uns eigene Art, „wie geht's der Schilddrüse?", „was machen die Ohren?" und „na Stephan, immer noch nicht gewachsen?", dann sahen wir dem DJ beim Tanzen zu. Als seine Fetenhits-Nr.7-CD abgelaufen war, kam er auf uns zu und meinte, wir

sollten ihm Bescheid geben, wenn wir anfangen wollten.

„Aber es ist noch niemand da", warf Bohni ein. Der DJ guckte sich um, tatsächlich, Bohni hatte recht. Er kratzte sich am Kopf, die Situation schien ihm schwierig zu meistern, aber dann schoß ein Geistesblitz durch seinen Kopf. „Gebt mir trotzdem Bescheid, wenn ihr anfangen wollt", sagte er strahlend und legte die Fetenhits-Nr.8-CD auf.

Nach und nach trudelten tatsächlich Gäste ein, einige schüttelten sich Laub und Bierflaschen von den Mänteln, andere kletterten aus dem Abfluß und nicht wenige kamen direkt durch die Klotür. Wir konnten also anfangen. Um den DJ nicht zu verärgern, warteten wir ab, bis die Fetenhits-Nr.15-CD beendet war, dann betraten wir die Bühne, beziehungsweise erkletterten sie, was Stephan anging, und ließen uns auf das dort stehende Sofa fallen. Stephan schnappte sich das Mikro und trat vor das Publikum. Er hatte leichtes Spiel, das Publikum lachte schon, bevor er einen Ton gesagt hatte. Manchmal ist so eine Behinderung eben auch ein Segen. Das Lachen dauerte an, als Stephan an mich übergab und hörte auch nicht auf, als Bohni weitermachte. Wir schwebten auf einer Welle der Begeisterung, bis wir entdeckten, daß jemand einen Lachsack in die erste Reihe gesetzt hatte. Es war wohl gut gemeint gewesen, aber wir brachen empört ab, solche faulen Tricks hatten wir nicht nötig. Für den DJ kam das etwas überraschend, er hatte seine Fetenhits-Nr.21-CD noch gar nicht rausgesucht und er überredete uns, noch so lange weiterzumachen, bis er die CD gefunden habe. Ich las also weiter und nach fünf Minuten bat ich darum, den Lachsack wieder einzuschalten, es war doch besser so.

Zum Schluß war Stephan sogar noch bereit zu singen, auch wenn niemand dazu bereit war, ihn zu hören. Immerhin ist seine Kleinwüchsigkeit ein ästhetisches Bravourstück im Vergleich zu seiner Stimme. Er zog es aber konsequent durch, so daß man die Lesung durchaus als runde Sache bezeichnen konnte. Der arme Tropf, für den die Soliparty gestartet worden war, bedankte sich bei uns, und das Tüpfelchen auf dem I war, daß er im Rollstuhl saß. Er war einer von uns.

Nach Hause sind wir dann übrigens durch den Abfluß. Bohni meinte, das sei wesentlich kürzer.

Hall of fame

In sechzehn Jahren halfen uns großartige Kollegen: Schriftsteller, Musiker, Schauspieler, Komiker, Zeichner, Filmemacher. Wir sagen Danke, indem wir sie nennen. Wäre schon komisch, wenn es nicht jemanden gäbe, den wir vergessen haben. Auch dem danken wir.

Ahne
Alex Tornado
Alistair Noon
Andrea Hanna Hünniger
Andreas Merkel
Andreas Scheffler
Andrés Atala Quezada
Anja Meyer
Anselm Neft
Balloon-Sean
Barbara Bollwahn
Bas Böttcher
Ben Drummer
Benedict Wells
Bettina Andrae
Blaupause
Bodo Wartke
Bolschewistische Kurkapelle
Bov Bjerg
Byebye
Christian Wolter
Clint Lukas
CS Field Trio
Dagmar Schönleber
Daniela Böhle
Das Kreuzberger Nasenflötenorchester
Detlef Kuhlbrodt
Die Bö
Die Gorillas
Dirk Gieselmann
DJ Tulpe & Fetter Mann
Doc Schoko
Dörte Heilewelt
Dr. Seltsam
Duo Machete

Ebony Browne
Elis
Falk Dietrich
Falko Hennig
Fee Stracke
Firecops
Flake
Florian Werner
Foxy Freestyle
Frank Sorge
Frederic Valin
Fuck Hornisschen Orchester
Gerhard Henschel
Gernot Frischling
Glenn Goring
Gotti
Gunnar Klemm
Hanns-Jana-Band
Hans Duschke
Heiko Werning
Hinnark Husen
Horst Evers
Iris Niedermeyer
Ivo & Sascha
Ivo Lotion
Jacinta Nandi
Jakob Hein
Jan Böttcher
Jan Brandt
Jan Koch
Jan Opoczynski
Jess Jochimsen
Jochen Reinecke
Johanna Zeul
Julia Schoch
Julius Fischer
Jürgen Witte
Kathrin Passig
Klaus Cäsar Zehrer

Knud Wollenberger
Kolja Reichert
Konrad Endler
Kurt Krömer
Lea Streisand
Lennart Schilgen
Leon Düvel
Lucia Schwarz
Maik Martschinkowsky
Mandana Katebian
Manfred Bofinger
Manfred Maurenbrecher
Marco Tschirpke
Marc-Uwe Kling
Margarete Stokowski
Marie Pohl
Marion Brasch
Matthias Fluhrer
McKinley Black
Meikel Neid
Michael Bittner
Michael Ebeling
Michael Stauffer
Michael Stein
Michael Wolf
Michael-Andre Werner
Mischa Sarim Verollet
Monika Rinck
Nils Heinrich
Ohrbooten
OL
Oliver Wellmann
Oralic Soundmachines
Paul Moragiannis
Paula P.
Peter Butschke

Pillocks
Pils Kills
Prita Grealy
Rachel Clarke
Ricoloop
Rigoletti
Robert Weber
Rock'n'Roll Diktator
Rupprecht Meyer
Sarah Bosetti
Sarah Jean-Louis
Sarah Schmidt
Sascha Nikolic
Sebastian Krämer
Sebastian Lehmann
Serhij Zhadan
Sonia Rossi
Spider
Stefan Etgeton
Stephan Steckling
Sticky Biscuits
Supatopcheckerbunny
Sven van Thom
Thilo Bock
Thomas Kapielski
Thomas Klupp
Tilman Birr
Tilman Ramstedt
Tobias Hülswitt
Tristan Steinweg
Tube
Udo Tiffert
Üht
Uli Hannemann
Unbekannt Verzogen
Wiglaf Droste
Wladimir Kaminer
Wolfgang Hogekamp
Xochil Schütz.

Hall of help

Aus dem elektronischen Gästebuch der Enthusiasten

(November 2002)
Rama: also ich muß ja mal sagen, dass dieses butterfettzeugs im glas irgendwie gar nicht so gesund aussah. da is mir die gute alte familienbutter doch lieber.

(Dezember 2004)
Erika: Jochen! Eigentlich möchte ich Sie um einen Gefallen bitten, aber zuerst will ich Ihnen sagen, daß ich mich schon seit langem nicht mehr so wohl beim Lesen eines Buches, wie bei Ihrem Roman gefühlt habe (was vielleicht auch daran lag, daß ich mich ein bißchen in Jochen Schmitt verliebt habe (ich war sogar etwas eifersüchtig auf Deborah))!. Nun ja, nachdem ich etwas so Nettes geschrieben habe, kommen sie meinem Wunsch mir eine Liste der Bücher, die man Ihrer Meinung nach gelesen haben sollte, hoffentlich nach!?!? Meine Email-Adresse: [...] Auf Antwort wartend, Erika!

(Dezember 2004)
Ein Gast: hallo stephan. wir stecken eigentlich nicht unter einer decke, aber offensichtlich hast du wohl viele weibliche fans die gerne mit dir kuscheln würden, gestern hattest du uns mädels ja wieder falsche hoffnungen gemacht, indem du versprochen hattet dich auf die matraze auf dere bühne zu legen. naja schade eigentlich. wäre doch eine nette weihnachtsüberraschung gewesen.

(Mai 2004)
Richard: doch... ja... es stimmt...

doch doch die seite ist echt putzig. ich fühle mich total ins jahr 1996 zurückversetzt wo mann noch total enthusiastisch bock hatte webseiten zu relaunchen mit sekt anstoßen und so eine million euro dafür... gruß richard

(April 2004)
Uschi Schablonski: Stephan, also ich heiße gar nicht Uschi, sondern ich bin die Herzensbrecherin von Magdeburg! Ihr zickt ganz schön rum...dabei wollte ich nur sagen, dass ich einen von Euch echt sexy finde, aber das ist mir jetzt vergangen! Zwischen den Zeilen sind Linien und vom Denken bekommt man Pickel und vom Nichtdenken `nen schmalen Kopf. Also Stephan, wer war die Tanzmaus? Nix hier mit Jochen...

(November 2003)
Lisbeth: jochen ist an Euch allen nicht interessiert. aber an mir vielleicht schon, denn ich interessiere mich hauptsächlich für bohni und dan. und das würde ich euch auch empfehlen, langsam wird es mal zeit!

(August 2003)
Paul Melian
Hey, bin ich hier richtig, wenn ich mal dem Volker Strübing die Meinung sagen will? Verträgt er die öffentliche Auseinandersetzung, oder soll ich ihm lieber privat schreiben? Es geht um seinen taz-Beitrag vom 23.7.03.

(November 2005)
Sebastian: Hallo Enthusiasten, wie wäre es denn, Stephan per Live-Schaltung aus Frankreich als Hologramm auftreten zu lassen? Ich habe das neulich mal bei der Verleihung der MTV-Awards gesehen, bei der die Gruppe Gorillaz als Hologramm gespielt hat. Das sollte nicht allzu schwer sein, schließlich bräuchte man angesichts der Körpergröße von Stephan Zeisig nicht unbedingt eine schnelle Internetverbindung zur Übertragung der Holografiedaten. Ich wäre auch durchaus bereit, 3,15€ Eintritt zu bezahlen, um die erhöhte Stromrechnung mitzutragen. Auch wenn es morgen noch nicht klappt, komme ich trotzdem gerne, aber der Gastleser sollte dann schon jemand besonderes sein.

Aus dem elektronischen Postverkehr der Enthusiasten
Dan an Jochen
März 2000
```
Gerade mit Robert telefo-
niert. Der Schlawiner hat
wieder nur einen Text.
Bei Alex waren wir ja
sauer, aber wer kann Ro-
bert schon sauer sein!
```

53

Vielleicht kann er ja das unverstaendliche Gedicht von Chiquita Banana lesen, was ich heute versuche mitzubringen.

Jochen an Dan
März 2000
die lesung war gut, allerdings oben, weil unten zuviel wasser stand. wir mußten das improvisieresn, bartel hat nicht mal den barmädchen bescheid gegeben. ca. 60 leute, etwas irritiert von den umständen aber tolerant und bequemer als unten. hinterher mit einer briefschreibern im taxi.

Volker an Dan
September 2000
Hallo Dan,
Tja, im Prinzip habe ich nichts dagegen, dem Tagesspiegel die Hucke vollzuhauen. Wie stellst'n Dir das genau vor? Einfach drauflosfabulieren oder uns vorher absprechen? Ruf doch mal an!
Volker

Dan an Volker
Januar 2001
Keine noch so schlecht geschriebene Geschichte, und seien es Tagebucheintragungen, ist doch Alltagsverdopplung. Hier irrt Adorno, wie wir wissen, seit es Schokolade gibt. In einem anderen Sinne hat er/sie recht, naemlich damit, dass unser Kram mittlerweile Alltagskultur ist und wir uns jede Woche aufs Neue verdoppeln.

Andreas Gläser an alle
Mai 2001
Hallo Jungs,
wir können für Stephan singen und auf ihn trinken. Ich kann wie immer keinen Liedtext schreiben. Wenn es bis Morgen Abend einen Text gibt, so komme ich zum üben vorbei. Zehn vor 8 bei Dan.
Zum Geld: Ich frage ja nur, wegen der Übersicht, wegen der eventuellen Notwendigkeit, was rüberzuschieben und so. Volker sollten wir mal in einen Drücker - Kurs schicken.
Andreas

Robert Naumann an alle
Dezember 2001
ich finde, es gibt auch eine Reihe Argumente für den Cube Club. Bin aber nicht für >Hauptsache schnell raus<. Weil einfach paar Sachen stimmen müssen. Ich finds z.B. inzwischen richtig gut, den Leuten beim Lesen fast auf dem Schoß zu sitzen. So eine weit entfernte, meterhohe Bühne

schafft doch Distanz, die uns und dem Publikum nicht gut tun würde. Es müßte so ein nur leicht erhöhtes Podest sein. Daß wir regelmäßig vor 120-200 Leuten auftreten könnten bei geeignetem Raum glaube ich nicht.

Dan an alle
Februar 2002
Hallo Mädels!
War gestern ganz kurz im RAW. Der Ort selber ist gar nicht mal so schlecht. Passen vielleicht 250 Leute rein. Kann man aber auch für weniger bestuhlen. Scheint auch mittlerweile vom allgemeinen Publikum als Ort gut akzeptiert zu sein. Letzte Nacht bei einer Rock-Jam-Session um 3.30 Uhr waren noch 100 Leute da. Man müsste mal mit den Chefs dort reden: Wie sicher ist die Existenz des ganzen Ladens? Haben die ein gewisses kommerzielles Interesse, um uns da drin zu behalten? Usw.
Wie ist eure Meinung?
dan

Jochen an Dan, Volker, Andreas Kampa
Mai 2002
ich frag mal volker w. ein klo einbauen ist ncht schwer, das loch ist ja schon da. ich bring dann

wahrscheinlich einen riegel mit.
jo.

Andreas Kampa an alle
Juni 2002
Hat jemand Lust, zwei Namen für meinen Kurzkrimi beizusteuern? Ich brauche einen Namen (Vor-und Zuname) für den Detektiv und einen für den Mörder. Mir schweben englische oder französische Namen vor.
bohni.

Stephan an alle
Januar 2007
in anbetracht der allseitig verbreiteten sturmwarnungen und meiner eher vorsichtigen natur möchte ich für heute absagen. bisher habe ich noch kein telefon und auch kein internet, kann mich darum nicht um ersatz kümmern, was mir leid tut. ich hoffe auf euer verständnis, denn von einem von einem baum erschlagenen oder weggewehten stephan habt ihr ja auch nichts, stephan

Jochen an Dan
Dezember 2007
wir haben noch viel platz: kannst du mir mal die geschichte mit dem verschieden gekippten bergsteiger schicken? und

55

die politischen karikatu-
ren, ich erinnere mich,
daß es dazu wirklich wel-
che gab, oder ist das
einbildung?
im moment bin ich in an-
griffsstimmung, aber es
muß auch mal wieder ein
positives erlebnis mit
den zuschauern kommen...
gruß
jo.

Kirsten an alle
Mai 2008

war ganz leer, wegen ers-
ter mai oder zu schönes
wetter oder weil ihr
nicht da seid, wenn euch
die antwort am besten ge-
fällt. ich hab anmodera-
tion mit stephan gemacht.
es gibt situationen, in
denen ich mich wohler ge-
fühlt habe, aber es ging
schon. der dj war gut,
bis er direkt nach der
abmoderation dann gerne
so clubmusike spielen
wollte. das war unpas-
send.
kirsten

Nachwort
Stephan Serin

Als wir im Herbst 1999 die
Chaussee der Enthusiasten gründeten, waren wir nicht nur unsicher, ob wir sechzehn Jahre lang
jeden Donnerstag zwei neue Texte würden schreiben können,
sondern hatten auch bereits die
drängende Frage im Hinterkopf,
mit welchen Worten wir am En-
der von der Bühne abtreten sollen bzw. uns hier verabschieden.
Die Frage hat uns nie wieder los-
gelassen. Viele soziale Verpflichtungen haben wir ihretwegen
vernachlässigt. Und auch wenn
wir das unvermeidliche Wir können ja Freunde bleiben! rechtzei-
tig aussortiert haben, bleiben
Zweifel, ob die nun präferierte
Lösung so viel besser ist. Aber
gut, irgendwann muss man eine
Entscheidung treffen. Darum
hier also unser Abschied:
Wir melden uns.

Mach mit, mach's nach, mach's besser
Platz für den eigene Texte: